KB213066

Dedicated to my beloved wife, Lucy

성서에서는 삭제된

예수 어린 시절의 숨겨진 이야기

1세~12세까지의 숨겨진 이야기 희귀기록

The Hidden Stories of Jesus' Infancy Deleted in the Bible

초판 1쇄 펴낸 날 2018. 12. 7

지 은 이 閔熙植 · 李進雨 · 李源日 공저

펴 낸 이 이진우(베네딕트)

편   집 허조행(아우구스티노)

교   정 이문수(마태)

마 케 팅 전진근 · 조관세(요한) · 이수월(시몬)

디 자 인 박채은(로사)

펴 낸 데 도서출판 블루리본

등 록 번 호 제18-49(98.1.21)

주   소 서울시 강남구 역삼동 837-11 Union Ctr 1388

전   화 (02) 3442-0256(대표)

팩   스 (02) 512-0256

전 자 우 편 brbooks@hanmail.net

값 15,000원

ISBN 978-89-88185-43-8 03200

*서점에서 책을 사실 수 없는 분들은 전화로 주문(02-3442-0256)
 하시면 서점에 가시지 않고도 전국 어디서나 1-2일내 받아
 보실 수 있습니다.

    농   협 352-0902-3937-63 (예금주: 허영신)
    국민은행 818502-04-152931
    제일은행 441-20-165120

[성서의 뿌리 시리즈 - 도마의 예수 유년기 복음서]

성서에서는 삭제된
예수 어린 시절의 숨겨진 이야기
1세-12세까지의 숨겨진 이야기·희귀기록

The Hidden Stories of Jesus' Infancy Deleted in the Bible

민희식 ·이진우
·이원일 공저

· 왜 성서에서는 예수님의 어린 시절에 대한 기록이 삭제되었나?
· 전설적으로만 떠돌던
  예수님 어린 시절의 숨겨진 이야기를 발굴·복원하다!

도서
출판 **블루리본**

이 **책**을 추천하며

우리가 예수님의 참모습과 가르침을 알지 못하면서 진정한 기독교인이라고 할 수는 없을 것이다.

우리는 예수님을 따른다고 하지만 부끄럽게도 예수님의 32년의 생애 중 무려 30년간의 시기, 즉 예수님이 어떤 성장기를 보냈으며 청년기에 사상과 지식이 어떻게 형성되었는지 그 과정을 보여주는 가장 중요한 시기에 관하여 전혀 알지 못하고 있다. 신약 4복음서는 예수님이 요한에게서 세례 받고 공생애를 시작하여 부활 승천하실 때까지의 불과 2년 남짓의 기록에 불과한 것이기 때문이다.

이것은 4세기에 신약성서를 편집할 당시, 예수님의 소년기와 청년기의 기록이 예수님의 인성人性을 여과 없이 드러낸다 하여 모조리 삭제되었기 때문이다.

일생을 목회자로서 주님께 바쳐온 나로서는 《예수 어린 시절의 숨겨진 이야기》를 통해 지금까지 삭제되어 알지 못하였던 예수님의 참모습에 대한 갈증을 해소할 수 있었으며 진정한 기독교인으로 거듭 날 수 있게 되어 더없이 기쁘다.

지금까지 알지 못하였던 구체적인 모습으로 살아 숨 쉬며 우리에게 다가오는 주님의 숨결과 생생한 감동을 느꼈다.

참된 신앙은 예수님을 바로 아는데서 시작되는 것이며, 그러기에 예수님의 일생에 대한 올바른 이해는 진정한 기독교인의 필수사항이다. 모든 교우 형제자매 여러분에게 이 책을 적극 추천한다.

대한예수교장로회 목사 朴玉來

장로교 합동정통 목사 (외 25명)

집필을 격려하는 글에서

✝ 주 찬미!

주여, 저를 당신의 도구로 써 주소서!
사람은 각자 그 직분에 충실하고 최선을 다하는 것이
바로 하느님의 뜻을 따르는 것이요,
모든 인류에 봉사하는 것이다.
학자는 마땅히 진리를 탐구하고 세상 모든 이들을 위해
진리의 등불을 아낌없이 밝혀주는 것이 곧 하느님의 뜻을
따르는 것 ….

하느님께서
민희식 박사님의 헌신적 연구와 천재적 영감으로 가득 찬
글을 통해
우리에게 예수님을 환히 밝혀 주신 데 대해 감사드린다.

나의 가장 사랑하는 오랜 벗 민희식 박사님,
신의 가호가 항상 함께 하시길!

♣ 저자의 자택을 방문하여 집필을
격려하는 게오르규 신부님

《도마의 예수 유년기 복음서》에 관하여

1 《도마의 예수 유년기 복음서》란 무엇인가?

첫 출판 당시 《예수 어린 시절의 숨겨진 이야기》의 원제는 《도마의 예수 유년기 복음서》였다. 그런데 많은 독자들께서 '유년기 복음서'라는 다소 모호한 명칭을 명확히 가슴에 와 닿는 제목으로 해달라고 요청하여 오신 바, 《예수 어린 시절의 숨겨진 이야기》를 병기하게 되었다.

《예수 어린 시절의 숨겨진 이야기》, 즉 《도마의 예수 유년기 복음서 The Infancy Gospel of Thomas; IGT》는 신약성서에서는 완전히 삭제되어 있는 1세부터 12세까지의 예수님의 어린 시절 이야기와 비화에 관한 전기적 복음서이다.

예수님의 어린 시절에 대한 이야기를 다룬 복음서를 '유년기 복음서 Infancy Gospel', '유아기 복음서' 또는 '원 복음서 Proto-Gospel'라고 한다.

예수 유년기 복음서에는 여러 종류가 있는데, 특히 도마가 쓴 예수님의 어린 시절 이야기인 《도마의 예수 유년기 복음서 The Infancy Gospel of Thomas; IGT》와 《아라비아 유년기 복음서 The Arabic Infancy Gospel of the Savior; The Syriac Infancy Gospel of the Savior/시리아어로 기록된 예수의 유년기 복음서》가 대표적이다.

2 《도마의 예수 유년기 복음서》의 저자는 누구인가?

《도마의 예수 유년기 복음서》의 저자는 서문에서 스스로 자신을 '이스라엘 사람 도마'라고 밝히고 있다.

따라서 이전에는 《도마의 예수 유년기 복음서》의 저자가 《도마 복음서》의 저자인 유다 도마와 동일인으로 여겨졌었다.

한편, 동명이인의 다른 저자일 것이라는 주장도 훨씬 후에 새로운 문서군의 발견으로 입증될 때까지 늘 있어왔다. '도마'라는 이름이 당시에는 매우 흔한 이름이었기 때문이었다.

이진우 · 이원일 공저
신국판/160쪽/값15,000원

《성서에서는 삭제된 **예수 어린 시절의 숨겨진 이야기**》
(=도마의 예수 유년기 복음서)

1세-12세 까지의 숨겨진 이야기 · 회귀기록

- · 왜 성서에서는 예수님의 어린 시절에 대한 기록이 삭제되었나?
- · 저 유명한 예수님이 진흙으로 참새를 만들어 날려 보내는 기적
- · 신악의 예수의 저주로 시드는 무화과나무 이야기의 원형
- · 소년 예수가 선생에게 무례하게 굴어 뺨을 맞는 이야기
- · 전설적으로만 떠돌던 예수님의 어린시절의 숨겨진 이야기를
  발굴 · 복원하다!

이진우 · 이원일 공저
신국판/208쪽/값15,000원

《성서에서는 삭제된 **성모 마리아의 숨겨진 이야기**》
(=마리아 탄생복음서)

예수님 외할머니 · 성모 · 예수탄생까지의 비화 · 회귀기록

- · 마리아는 요셉의 두 번째 부인이었다.
- · 마리아는 어려서부터 성전에 바쳐진 성전처녀였다!
- · 요셉이 지팡이 때문에 마리아의 약혼자로 낙점되게 된 일화
- · 실제로는 마리아의 순결을 끝까지 의심하여 시험한 요셉
- · 예수의 어머니 성모 마리아는 '뚱뚱한' 몸매였다고?
- · 〈코란〉에도 나와 있는 마리아와 예수의 숨겨진 이야기들

이진우 · 이원일 공저
신국판/208쪽/값15,000원

《성서에서는 삭제된 **성모 마리아의 숨겨진 이야기**》
(=마리아 탄생복음서)

성서에서는 삭제되어 버린
예수와 그의 어머니 마리아의 숨겨진 이야기

- · 마리아는 요셉의 두 번째 부인이었다.
- · 마리아는 어려서부터 성전에 바쳐진 성전처녀였다!
- · 요셉이 지팡이 때문에 마리아의 약혼자로 낙점되게 된 일화
- · 실제로는 마리아의 순결을 끝까지 의심하여 시험한 요셉
- · 예수의 어머니 성모 마리아는 '뚱뚱한' 몸매였다고?
- · 〈코란〉에도 나와 있는 마리아와 예수의 숨겨진 이야기들

이진우 · 이원일 공저
신국판/239쪽/값15,000원

《아라비아에서 발견된 **예수의 잃어버린 12년**》
(=아라비아어 예수 유년기 복음서)

1세-12세 까지의 숨겨진 이야기 · 회귀기록

- · 이집트 현지에 전해 내려오는 예수와 마리아의 미공개 비화
- · 조로아스터교 불의 제단에서 기적을 보이다.
- · 예수가 훗날 함께 십자가 처형을 받게 될 강도들을 만남
- · 예수의 잃어버린 생애와 숨겨진 이야기를 발굴 · 복원하다!
- · 예수의 최초 유년기 복음서

이진우 · 이원일 공저
신국판/239쪽/값15,000원

《아라비아에서 발견된 **예수의 잃어버린 12년**》
(=아라비아어 예수 유년기 복음서)

1세-12세 까지의 숨겨진 이야기 · 회귀기록

- · 이집트 현지에 전해 내려오는 예수와 마리아의 미공개 비화
- · 조로아스터교 불의 제단에서 기적을 보이다.
- · 예수가 훗날 함께 십자가 처형을 받게 될 강도들을 만남
- · 예수의 잃어버린 생애와 숨겨진 이야기를 발굴 · 복원하다!
- · 예수의 최초 유년기 복음서

'도마'라는 동명이인 저자의 이름이 혼동을 주었던 것처럼, '도마의 유년기 복음서'라는 책 이름 역시 '도마 복음서'와 혼동을 주어 이전에는 이 복음서가 종종 《도마 복음서》와 동일한 것으로 오인되기도 하였다.

로마의 히폴리투스Hippolytus, ?~235; 기독교 저술가이자 교부와 알렉산드리아의 오리게네스Origenes, 185~254; 알렉산드리아 학파의 대표적 신학자도 '도마 복음서'에 대해 언급하고 있는데, 이름이 비슷하여 혼동을 주었을 뿐, 그들이 가리키는 것은 바로 이 '도마의 (예수) 유년기 복음서'이다.

그러던 중, 1945년 이집트의 나그 하마디Nag Hammadi에서 일명 '나그 하마디 문서Nag Hammadi Codices'라 불리는 콥트어Coptic; 고대 이집트어 계통의 언어로 기독교 콥트교도들이 16세기경까지 일상어로 사용함 사본들이 다량으로 발견되었다.

가장 오래된 것으로 알려진 이 나그 하마디 사본은 '잃어버린 복음서lost gospel; NT apocrypha'가 으레 그러하듯이, 그리스어로 된 것이 아니라 콥트어로 기록된 것들이었다.

이 나그 하마디 문서군에서 《도마 복음서》가 분명하게 나옴으로써, '도마의 예수 유년기 복음서'와 '도마 복음서'는 전혀 별개의 문서라는 것이 판명되었다.

♣ 나그 하마디 문서군
(Nag Hammadi Codices)
발견 당시 가죽으로 묶인
두루마리 형태였다.

❸《도마의 예수 유년기 복음서》가 쓰여진 시대

이 책이 쓰여진 시대에 대해 학자들은 다음 2가지 설로 나뉜다.

첫째, 이 책이 쓰여진 시대를 1세기로 보는 경우이다. 학자들은 《도마의 예수 유년기 복음서》가 누가복음이 쓰여진 CE 80년경 이전에 이미 쓰여졌다는데 동의하고 있다.

그 근거로 학자들은 《도마의 예수 유년기 복음서19:1~12》에 나오는 '예수의 12살 때의 성전에서의 이야기'가 《누가복음 2:41~52》에 인용되고 있음을 들고 있다.

둘째, 2세기 설은 《도마의 예수 유년기 복음서》의 저자가 '예수의 12살 때의 성전에서의 이야기'를 누가복음에서 빌려왔다고 보는 경우이다.

이것은 이 책의 저자가 누가복음이 쓰여진 시기가 CE 80년경 이후에 저술에 착수하였다고 보는 견해이다.

또한 2세기의 두 문서인 《사도들의 편지Epistula Apostolorum: Letter of the Apostles, 150년경: 부활 후 예수와 사도들 간의 대화를 기록한 것》와 리용Lyon의 교부 이레나이우스Irenaeus, 140~203의 《모든 이단에 반하여Adversus Haereses: Against Heresies(5권), 180년》에서 《도마의 예수 유년기 복음서》가 최초로 인용되고 있는 점으로 보아, 이 책은 그 이전에 쓰여진 것으로 보인다.

그러므로 2세기를 주장하는 학자들은 이 책이 80년~150년 사이에 쓰여졌다는데 동의하고 있다.

저자의 견해로는, 일반적으로 책의 형태로 처음 기록되고 편집되기 전에 적어도 어느 정도의 구술전승기간이 있다는 점을 감안하면, 실제로 《도마의 예수 유년기 복음서》가 형성된 시대는 훨씬 더 오래전으로 거슬러 올라갈 것으로 보인다.

4 《도마의 예수 유년기 복음서》는 왜 중요한 복음서인가?

신약성서에서는 완전히 삭제되었으며, 어떤 다른 문헌에서도 찾아 볼 수 없는 예수님의 어린 시절에 대한 상세한 자료가 《도마의 예수 유년기 복음서The Infancy Gospel of Thomas: IGT》에는 고스란히 남아있다.

그러므로 《도마의 예수 유년기 복음서》는 《아라비아 유년기 복음서The Arabic Infancy Gospel of the Savior》와 더불어, 예수님의 어린 시절에 대한 정보의 보고寶庫로 일컬어지고 있다.

신약성서의 4복음서에는 예수님의 탄생 이후부터 30세에 이르러 요한에게서 세례 받고 그의 공생애公生涯: public life; public career를 시작하기 전까지의 예수님의 32년의 생애 중 무려 30년간의 기록이 완전히 공백으로 남아있다.

예수님의 어린 시절의 성장과정과 청년기의 지식과 사상형성의 과정을 보여주는 가장 중요한 시기에 관한 내용이 실질적으로 단 한 줄의 기록도 없이 모조리 삭제되었기 때문이다.

이것은 기록하지 않은 것이 아니라 이 시기의 기록이 모조리 삭제된 것이다. 4세기에 신약성서를 편집할 당시, 예수님의 소년기와 청년기의 기록이 예수님의 인성人性을 여과 없이 드러내어 예수의 위상을 신으로 정립시키는데 불리하다하여 삭제되었기 때문이다.

신약성서는, 특히 마가복음과 요한복음은 예수님의 32년의 생애 중 무려 30년간의 기록이 완전히 삭제되고 남은, 불과 2년 남짓의 기록에 불과한 것이다.

그 결과, 마가복음과 요한복음은 어느 날 갑자기 30세의 성인으로 성장한 예수가 요르단 강에 나타나 요한에게서 세례 받는 이야기로 시작된다.

마태복음의 경우에도, 예수 탄생에 대한 언급이 있었을 뿐 그 후 거의 30년의 기록이 삭제된 점은 마찬가지이다.

누가복음만은 약간 예외적으로 12세 때 예루살렘의 유대교 성전에서 유대교 학자들과 대화하는 일화가 간략하게 언급되고는 있으나, 이마저도 제대로 된 어린 시절 이야기는 아니다.

누가복음에서는 예수의 탄생 이후에서 30세에 이르기까지의 크나큰 공백을 '예루살렘의 유대교 성전에서 유대교 학자들과 대화하는 일화[누가복음 2:40~52]' 하나로 얼버무리며 넘어가려는 어설픈 시도를 하였을 뿐이다.

예수님의 32년의 생애 중 무려 30년간의 기록이 완전히 삭제된 공백기인데, 그 공백기를 누가복음에 따르면, 12세를 전후로 하여 둘로 나누어 볼 수 있다.

첫 번째 공백기는 예수님의 탄생 이후 12세에 성전에서의 일화 이전까지의 시기이다.

신약에서는 삭제되어 어떤 다른 문헌에서도 찾아 볼 수 없는 이 시기의 예수님에 대한 상세한 기록이 고스란히 남아있는 귀중한 복음서가 바로 이 《도마의 예수 유년기 복음서》와 《아라비아 유년기 복음서시리아어로 기록된 예수의 유년기 복음서》이다.

우리는 예수님을 신약 4복음서예수님의 32년의 생애 중 30년간의 기록이 완전히 삭제되고 남은 불과 2년간의 기록를 통해 볼 뿐이다.

예수님의 참모습을 알지 못하면서 진정한 기독교인이라고 할 수는 없다. 우리는 예수님을 따른다고 하지만 부끄럽게도 예수님이 어떤 성장기를 보냈으며 그의 사상과 지식이 어떻게 형성되었는지조차 전혀 알지 못한다.

이 모두가 불과 2년이라는 시간적 한계에 갇힌 신약 4복음서에만 매달린 결과이다.

두 번째 공백기는 12세 이후에서 30세까지의 시기로, 신약성서에서는 이 18년간의 기록이 완전히 삭제되어 신약성서에서는 이 기간의 예수님에 대해서는 도무지 알 길이 없다. 예수님의 지식과 사상이 형성되는 과정을 알 수 있는 가장 중요한 청년기에 대한 기술이 모조리 삭제된 것이다.

4복음서의 이러한 점은 마치 수학문제를 푸는 데 있어서, 그 과정은 단 한 줄도 제시하지 않고 해답만 덩그러니 써놓은 답안지와 무엇이 다르랴!

그 결과, 예수님이 이 시기에 양아버지 목수 요셉의 가업을 이어 목수생활을 하였을 것이라는 막연한 추측이나 인도 · 티베트로 유학하여 동양사상과 종교, 철학, 의학을 수학하였다는 설 등이 끊임없이 제기되고 있다.

[내셔널 지오그래픽 방영]
♣ 예수님이 인도유학을 다녀오는데 택한 경로
· 가는데 택한 길(빨간 선)
· 돌아오는데 택한 길(파란 선)
《예수의 마지막 오딧세이,
　목영일 박사 저 참조》

♣ 인도 · 티베트에서의 예수
인도 · 티베트에서 수행을 했던 예수님의 얼굴이 다른 현지인 수행자들의 얼굴과 뚜렷한 대조를 보이고 있다

♣ 예수님이 한때 수도했다고 하는 동굴(인도북부 Uttar Pradesh 소재)
《예수의 마지막 오딧세이, 목영일 박사 저, 도서출판 블루리본 참조》

물론 여기에 제기되는 어떠한 의문이나 설에 대해서도 신약에서는 예수님의 32년의 생애 중 30년간의 기록이 완전히 삭제되어 신약 안에서는 아무런 근거나 단서도 찾을 수 없다.

오히려 신약성서 밖의 다른 복음서에서 발견되고 있다는 사실은 실로 아이러니다.

근현대에 들어 와, 새로 발견된 나그 하마디 문서, 사해문서 등의 뒤를 이어 계속하여 간헐적으로 새로운 성서사본들이 발견되고, 또한 성서고고학자들의 각고의 노력에 힘입어 신약성서에서는 삭제된 예수님의 면모가 마치 퍼즐조각을 맞추어나가듯 차츰 그 윤곽이 드러나고 있다.

한편, 《도마의 예수 유년기 복음서The Infancy Gospel of Thomas: IGT》는 신약성서에서는 완전히 삭제되어 알 수 없는 예수의 유년기에 대한 귀중한 정보를 제공하여 준다.

이것은 신약의 공백을 보완해 줄 뿐만 아니라, 예수 생애를 복원해 준다는 점에 있어서도 그 중요성과 가치는 이루 말할 수 없이 크다.

또한 예수님의 성장과정에 대하여 알고자 하는 대중의 목마름을 해소시켜 준다는 점에서도 그 중요성과 가치는 이루 말할 수 없을 만큼 큰 것이다.

5 《도마의 예수 유년기 복음서》가 제2 정경이 된 이유

이 책은 예수님의 어린 시절 이야기인 동시에 기독교 선교를 위한 책이다. 그러므로 이 책의 내용을 보면 거의 대부분이 소년 예수의 신성神性을 나타내기 위한 기적 이야기들로 구성되어 있다.

이 책에서는 소년 예수의 기적을 일으키는 초자연적인 능력이나 초인간적인 지적능력이 보통의 인간처럼 후천적 학습이나 수련에 의한 것이 아니라 선천적으로 타고난 것임을 강조하고 있다. 즉 예수는 인간의 몸에 신성神性을 지닌 신이라는 점을 의심할 수 없는 것으로 선전하려는데 목적을 두고 있다.

그러나 속담에도 있듯이, "지옥으로 가는 길은 선의로 포장되어 있다The road to hell is paved with good intentions." 즉 선한 의도로 한 일이 의도치 않게 좋지 않은 결과를 초래할 수도 있다.

이 복음서에서는 예수님의 신성을 선전하기 위해 소년 예수의 기적을 일으키는 초능력을 묘사하는 과정에서, 소년 예수의 저주하고 보복하는 속성까지도 그대로 드러내어, 결과적으로 예수의 이미지를 오히려 부정적으로 보이게 하는 부작용도 낳았다.

《도마의 예수 유년기 복음서》에 묘사되어 있는 소년 예수는 선한 일도 하지만, 때로는 제멋대로 저주의 기적도 행한다. 참으로 기상천외하고 무서운 악동의 면모도 보이고 있다.

어린이 예수의 이러한 면모는 그리스 신화 속에서 자주 등장하는 아동 신child god들이 기적을 행하거나 초능력을 발휘하고 때로는 짓궂은 장난을 치는 모티프와도 유사하다.

앞에서 언급한 바와 같이, 《도마의 예수 유년기 복음서》에 묘사되어 있는 소년 예수는 선한 일도 하지만, 때로는 제멋대로 저주의 기적도 행한다. 예를 들어, 소년 예수는

- 곧잘 화를 내고 저주하는 말을 하며 [3:2, 4:1, 8:1, 14:2],
- 이 소년을 화나게 한 자를 죽이거나[3:3, 4:2, 14:3] 불구가 되게 하고[15:3],
- 그를 비난한 사람들을 장님으로 만들어 버리고 [5:1],
- 저주의 기적으로 사람들에게 두려움을 주고[5:2, 15:2),
- 양아버지 요셉에게 대들거나 오히려 훈계를 하고[5:3],
- 선생들에게 모멸감을 주며 오히려 가르치려 든다 [6:3, 14:2].

결과적으로, 이처럼 소년 예수의 저주하고 보복하는 등의 부정적 속성을 그대로 드러내는 점 때문에 제1정경 채택에서 밀려날 수밖에 없었던 것이다.

이런 이유로 히폴리투스Hipploytus, 170~236; 기독교 변증가는 《도마의 예수 유년기 복음서》를 그의 '모든 이단에 대한 논박Refutation of All Heresies'에서 비정통으로 간주하였으며, 그와 동시대 인물이었던 오리게네스Origenes도 3세기 초에 쓰여진 설교에서 같은 방식으로 그것을 언급하였다.

4세기에 유세비우스Eusebius, 260~340는 그것을 교회사 3권에서 비판하였으며, 5세기에 교황 겔라시우스Gelasius, ?~496; 제49대 교황는 그것을 기독교 비정통 도서목록에 포함시켰다.

그러나 《도마의 예수 유년기 복음서》는 전체적으로 볼 때, 소년 예수의 기적적 행적을 통한 기독교 선교에 목적을 두고 있다. 그러므로 이 복음서 전체를 비정통이라거나 그노시스적이라고 단정하는 것은 성급한 일이 아닐 수 없다.

325년 로마제국의 콘스탄티누스 황제는 니케아 공의회에서 '예수=신, 즉 예수는 하나님이다' 라는 교의를 투표로 결정하였다.

이어 황제의 명령으로 성서의 편집이 이루어졌는데, 이 때 예수를 신처럼 묘사한 복음서만을 골라 윤색하고, 반대로 《도마의 예수 유년기 복음서》와 같은 원 복음서들은 예수의 인성을 드러낸다하여 모조리 불태워졌다. ≪성서의 뿌리(신약), 제8장 투표로 신이 된 예수, pp298~307 참조≫

비록 신약성서에서는 예수의 어린 시절이 삭제되었지만, 《도마의 예수 유년기 복음서》에 나타나 있는 소년 예수의 인격과 품성은 신약성서 곳곳에서 그대로 연결되어 살아있음을 확인하여 볼 수 있다.

이 책에 언급되어 있는 대표적인 예 하나를 보기로 하자.

○ [예수 유년기 복음서]에서의 예수의 저주로 시드는 나무

† 그것을 본 예수는 화가 나서 그에게 말씀하시기를, '불의하고 경건하지 못하며 어리석은 자야, 웅덩이와 물이 너에게 무슨 잘못을 저질렀느냐. 보라, 이제 너는 이 나무와 같이 시들어버릴 것이요. 그리고 잎도 뿌리도 없고 열매도 맺지 않을 것이다.' 그러자 곧 그 아이는 온 몸이 시들어버렸다.   [도마의 예수 유년기 복음서 3:2~3]

○ [마가복음서]에서의 예수의 저주로 시드는 무화과나무

† 이른 아침에 성으로 들어오실 때에 시장하신지라 길가에서 한 무화과나무를 보시고 그리로 가사 잎사귀 밖에 아무 것도 찾지 못하시고 나무에게 이르시되 이제부터 영원토록 네가 열매를 맺지 못하리라 하시니 무화과나무가 곧 마른지라.   [마가복음 21:18~19]

⑥ 《도마의 예수 유년기 복음서》의 여러 판본과 특징

도마의 예수 유년기 복음서의 원래 언어가 고대의 성서 사본 또는 '잃어버린 복음서lost gospel; NT apocrypha'가 으레 그러하듯이 그리스어인지, 아니면 시리아어인지, 콥트어Coptic인지 알려져 있지 않다.

한편 가장 초기의 출전은 6세기의 시리아어판이며, 6세기의 라틴어의 양피지 재록사본palimpsest; rescriptus도 있다.

그 외 약간의 뉘앙스 차이가 있는 여러 가지 사본, 번역본, 축약된 사본 및 유사본들이 있다.

이렇게 많은 수의 다양한 사본들이 있다는 점은 이 책이 얼마나 많은 사람들에 의해 널리 애독되었는지 그 인기를 말하여 줄 뿐만 아니라, 동시에 얼마나 많은 사람들이 예수님의 어린 시절에 대해 알고자 하는 갈증을 느끼고 있었는지를 반영하여 준다.

다시 말해, 신약성서에서는 완전히 삭제되어 있어 어떤 다른 문헌에서도 찾아 볼 수 없는 예수님의 어린 시절에 대한 상세한 자료가 고스란히 남아있는 귀중한 보고로서 이 책은 그러한 갈증을 해소시켜 주어왔음을 보여준다.

《도마의 예수 유년기 복음서》는 수요가 많아 여러 세대에 걸쳐 많은 편집을 겪어왔기 때문에 여러 사본이 있다.

이 복음서 사본으로는 크게 그리스어 사본 A, 그리스어 사본 B, 라틴어 사본, 시리아어 사본, 그루지아어 사본 등의 이본이 있다.

이 중에서 그리스어 사본 A, 그리스어 사본 B, 라틴어 사본이 가장 대표적으로 널리 읽히는 주요사본으로서, 이 책 본문에 모두 수록되고 해설되어 있다.

① 그리스어 사본 A: 긴 본문을 가진 사본, 19장으로 구성됨.
② 그리스어 사본 B: 짧은 본문을 가진 사본, 11장으로 구성됨.
③ 라틴어 사본: 비교적 후기의 바티칸 사본을 바탕으로 하여
　　　　　　　　15장으로 구성됨.
④ 시리아어 사본: 그리스어 사본과는 상이하며 오히려 라틴
　　　　　　　　어 사본에 가까움.
⑤ 그 외에도 그루지아어 사본, 콥트어 사본, 이디오피아어 사본,
　　아르메니아어 사본, 옛 슬라브어 사본 등이 있다

　현존하는 사본 중에서 어느 것이 가장 오래된 원문인가 하는
질문에는 아직 연구의 여지가 남아 있다.

　성서학자들은 라틴어 사본과 같은 비교적 후대의 사본에서는
소년 예수의 성격을 여과 없이 그대로 드러내는 등 선교에 부정
적 영향을 줄 수 있는 부분을 삭제하거나 가필되고 교체 된 것
으로 보고 있다.

　끝으로 본서에 실린 사본에 대해서 간단히 말하자면, 먼저 그
리스어 사본은 티셴도르프 이래 A, B 사본으로 분류되고 있다.
이 사본들은 15~16세기의 것인데, 사본 A가 더 오랜 된 것으
로 보고 있다.

　이 사본들은 각 사본에 따라 몇 가지의 에피소드가 더 들어
가 있거나 빠져 있으며 또한 각 장과 절의 구분에 있어서 약간
의 차이가 있을 뿐 기본적으로는 대동소이하다.

파리 국립 도서관에서 문학박사
비교종교학박사　　　민희식 이원일

차례

제1부   그리스어 사본 A
5세에서 12세까지의 소년 예수의 이야기(19장)

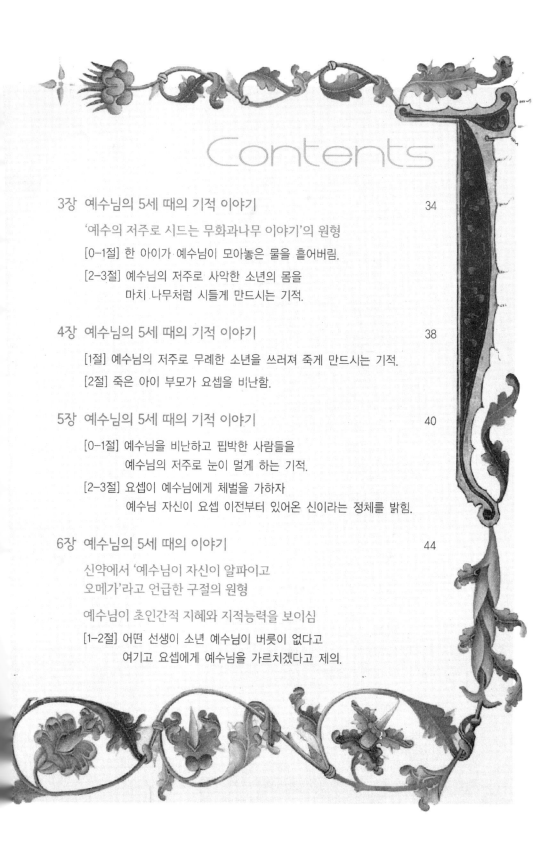

Contents

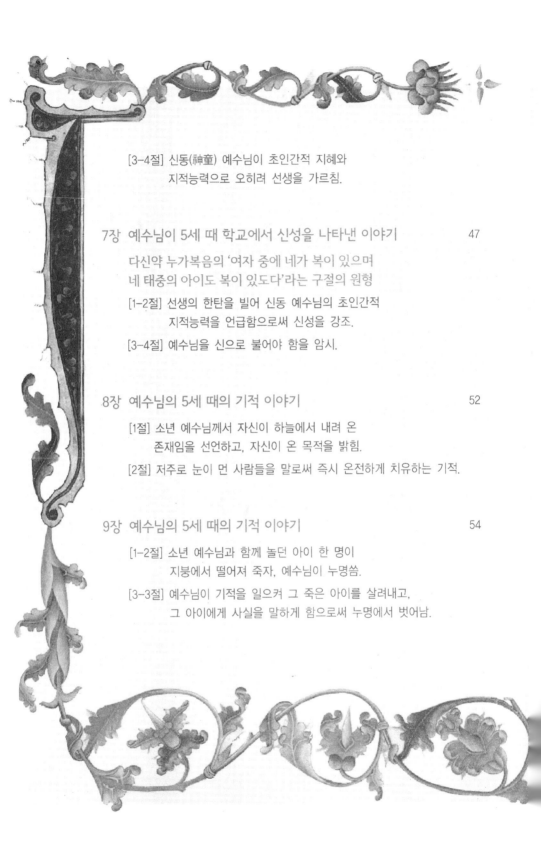

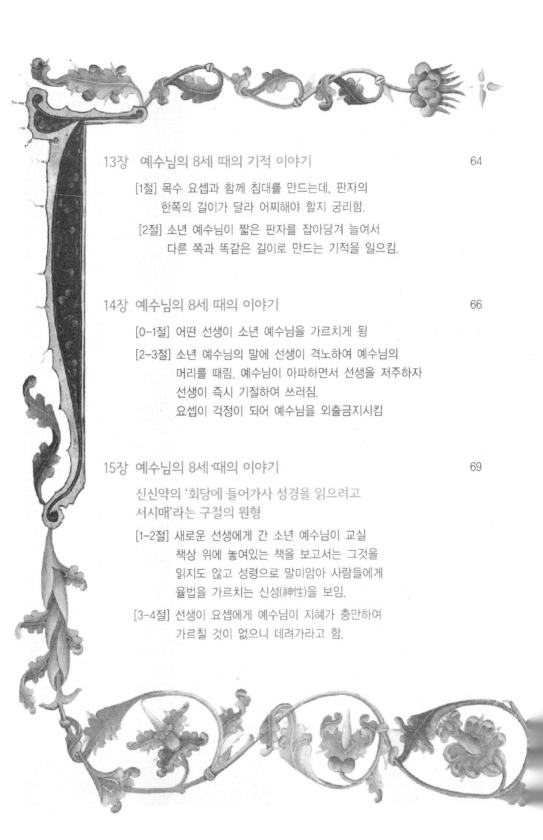

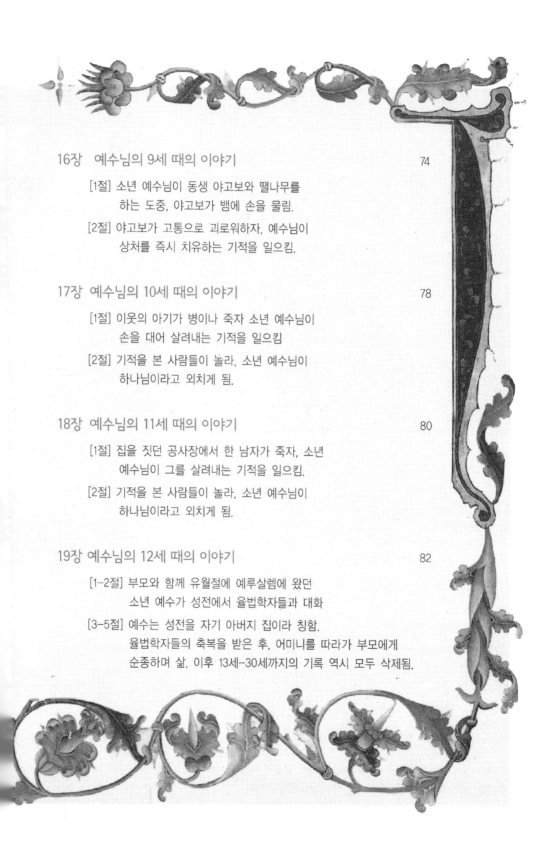

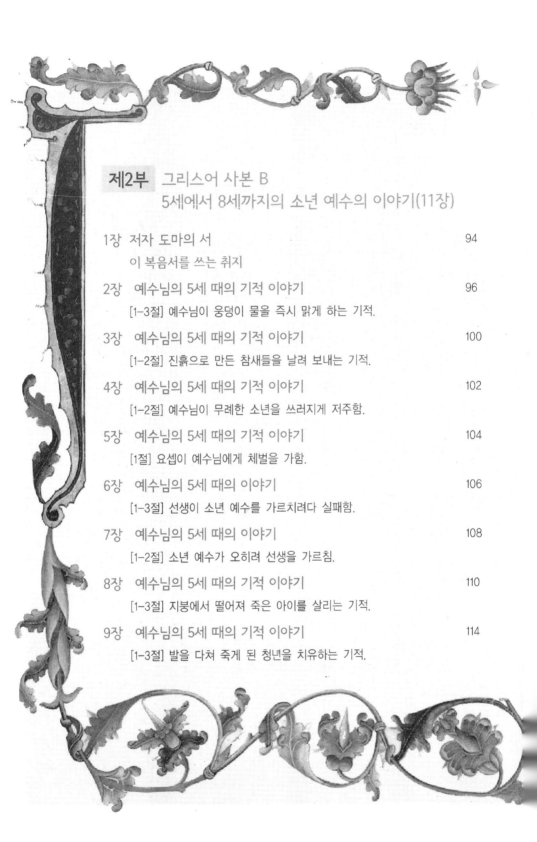

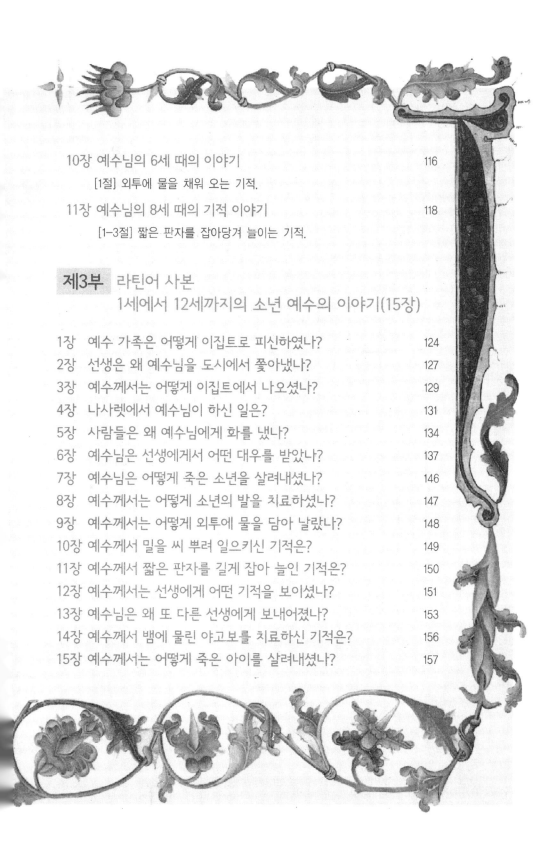

제3부 라틴어 사본
1세에서 12세까지의 소년 예수의 이야기(15장)

제 1 부

그리스어 원문번역
Greek Mss A, First Greek Form

: 5세에서 12세까지의 소년 예수의 이야기(19장)

제 1 장

나 이스라엘 사람 도마[1]는 우리 주 예수 그리스도께서 우리 나라에서 탄생 하신 후, 그가 어린 시절에 행하신 모든 위대한 기적들을 모든 이방인 형제들에게 알리고자 한다.

그 시작은 다음과 같다.[2]

---

1) 저자가 《도마 복음서》의 저자인 사도 도마(Didymos Judas Thomas)로 여겨진다. 한편, 동명이인의 다른 저자일 것이라는 주장도 있어왔다. '도마'라는 이름이 당시에는 매우 흔한 이름이었기 때문이었다.

2) 《도마의 예수 유년기 복음서》의 그리스어 사본과는 달리, 라틴어 사본, 즉 바티칸 사본에서는 첫머리 1-3장에서 이집트에서 일어난 일로 이야기를 시작하고 있다. 라틴어 사본에 있는 이집트에서의 일화는 나중에 삽입된 것이다.

제 2 장

1 예수님이 어린 시절, 다섯 살 때 시냇가에서 놀고 계셨다. 그는 흐르는 물을 웅덩이에 모아 즉석에서 맑은 물로 만드셨는데[1], 이것은 말씀만으로 명하였을 뿐이었다.

---

1) 여기서 예수님이 물을 웅덩이로 모았다는 구절은 '하나님이 가라사대 천하의 물이 한 곳으로 모이고[창세기 1:9]'를 연상시키는 것으로, 예수님의 창조적 업적을 하나님의 업적과 동격임을 암시하고자 하는 것으로 생각된다.

2 그리고 부드러운 진흙을 만들어 그것으로 12 마리의 참새를 만드셨다. 2) 그가 이러한 일을 한 것은 안식일 때였다. 그리고 그와 함께 노는 다른 많은 아이들도 있었다.

---

2) 예수님이 진흙으로 참새를 빚어 만드는 행위는 하나님의 창조의 행위, 즉 '여호와 하나님이 흙으로 사람을 지으시고 …[창세기 2:19]와 같은 창조의 연장선상에 있음을 암시하는 듯 하다.

3 그러자 어떤 유대인이 예수가 안식일에 놀면서 한 짓을 보고 곧바로 가서 그의 아버지 요셉에게, "보시오. 당신의 아들이 개울가에 있는데, 진흙을 가져다가 12 마리의 새[3]를 만들어 안식일을 모독했소."하고 알렸다.

---

3) 왜 12마리인가?

고대로부터 유대인들에게 전해 내려오는 게마트리아(gematria; 수비술/數秘術)에 근거한 것이다. 이 게마트리아에 따르면, 12는 유대민족의 12부족, 즉 유대인 전체를 가리킨다. 유대교도였던 예수님이 12제자를 임명한 것도 바로 여기에 근거한 것이다. ≪성서의 뿌리(신약) pp95-96, 267 참조≫

4 요셉이 그 곳에 가서 보고 어린 예수에게 크게 소리쳐 말하였다. "너는 어찌하여 안식일에 해서는 안 되는 일을 하였느냐?"[4]

그러자 예수께서는 손뼉을 치면서 참새들에게 외쳐 말씀하셨다. "날아가거라!" 그러자 참새들은 날개를 펼치고 짹짹 울면서 날아가 버렸다.

5 유대인들은 이것을 보고 놀라, 웃어른들[5]에게 가서 그들이 본대로 예수께서 행하신 일[6]을 이야기하였다.

---

4) 유대인들은 하나님이 6일에 걸쳐 천지창조를 끝내고 휴식한 제7일을 신성시하여 안식일로 정하고 일체의 노동을 금하고 있다. 하나님은 안식일에 어떠한 형태로도 일하는 사람은 돌로 쳐 죽이라 하셨다[민수기 15:32-36].

그런데 이 안식일 개념도 사실은 수메르에서 비롯된 것이다. 아카드어로 '샤파투(Sapatu)'는 '신의 심장이 쉬는 날'이란 뜻으로 신이 쉬는 안식일이란 뜻이었다. 이 샤파투가 히브리어로 휴식 또는 안식일을 뜻하는 '사바트(Sabbath; 휴식을 취하다)'가 되었다. 수메르와 유대교에서는 토요일이 안식일이다. 그러나 후에 파생된 기독교에서는 일요일을, 이슬람에서는 금요일을 안식일로 삼고 있다.

≪성서의 뿌리, pp34~37 참조≫

5) 여기서 웃어른들이란 아마도 동네에 있는 시나고그(synagogue; 유대교 교회)의 랍비들일 것이다.

6) 꾸란에도 예수가 유년기 때 진흙으로 참새를 만들었다는 이야기가 기록되어 있다. 꾸란에는 어린 예수가 진흙으로 새를 만들어 날려보내는 장면이 두 번 나온다 [꾸란 3:49; 5:110]. 꾸란에서는 한 마리의 참새만을 언급하고 있으며, 예수가 참새에 숨을 불어 넣어서 날아가게 한 것으로 나와 있다.

제 3 장

1 그런데 율법학자 안나스의 아들이 예수님과 함께 거기에 서 있었다. 그는 버드나무 가지를 가져다가 예수께서 모아놓은 물을 흘려보내고 말았다.

2 그것을 본 예수께서 화가 나서 그에게 말씀하셨다. "오 사악하고 경건치 못하고 멍청한 자야, 웅덩이와 물이 네게 무슨 해를 끼쳤느냐? 보라 너도 이제 나무처럼 시들 것이요, 잎도 뿌리도 열매도 내지 못할지니라. 1)"

---

1) 이 대목은 신약성서에도 나오는 '예수님의 저주로 시드는 무화과나무 이야기' 와 같은 패러다임이다.

† 이른 아침에 성으로 들어오실 때에 시장하신지라 길가에서 한 무화과나무를 보시고 그리로 가사 잎사귀 밖에 아무 것도 찾지 못하시고 나무에게 이르시되 이제부터 영원토록 네가 열매를 맺지 못하리라 하시니 무화과나무가 곧 마른지라.
[마가복음 21:18~19; 마태복음 21:19]

3 그러자 즉시 그 아이는 온 몸이 시들어버렸다. 그런 다음 예수께서는 그곳을 떠나 요셉의 집으로 돌아가셨다.

♣ 거꾸로 된 깔때기형의 모자는 기독교에서 유대인 남성을 표현하는데 주로 쓰였다.

그러나 온 몸이 시들어버린 아이의 부모는 그 아들의 요절에 울부짖으며 죽은 아들을 업고 요셉에게로 가서, "당신은 이 따위 짓을 하는 못돼 먹은 아이를 두고 있소."하며 책망하였다.

♣ 소년 예수가 웅덩이 물을 흘려보낸 소년을 저주하여 죽게 하자 아이들이 몰려 가 유대교 랍비들에게 이르고 있다.

♠ 왼 쪽: 소년 예수가 웅덩이를 만들고 있으며,
웅덩이 물을 흘려보낸 아이(손에 버드나무 가지를
든 소년)를 화가 난 예수님이 저주하여 고꾸라져
죽게 하고 있다.

오른쪽: 죽은 아이의 부모가 와서 요셉에게 항의하자,
마리아(머리에 왕관을 쓴 분)가 예수님에게 말하여
아이를 다시 살려내게 한다.
살아난 아이가 그 부모와 함께 걸어가고 있다.
Tring Tile, 1330, 162mmx324mm, British Museum

제 4 장

1 그 후에 다시 예수께서 마을을 지나가고 있었는데, 달려가던 한 아이가 예수님의 어깨에 부딪쳤다.

예수께서 화가 나서 그에게 말씀하셨다. "너는 네가 온 길을 되돌아가지 못할지니라.[1]" 그러자 그 아이는 즉시 쓰러져 죽었다.

사람들이 이 사건이 일어난 것을 보고 말하였다. "대체 이 아이는 어디서 생겨났단 말인고. 그가 하는 말은 모두가 틀림없이 그대로 이루어지니!"

---

1) 사본에 따라서는 이 부분이 'Thou shalt not finish thy course (lit. go all thy way); 너는 네 길을 끝까지 가지 못할 것이다.' 로 나와 있는 것도 있다.

2 그리하여 죽은 아이의 부모가 요셉에게 와서 비난하며 말하였다.

"당신은 그 따위 자식을 두었으니, 당신은 이 마을에서 우리와 함께 살 수 없소. 당신 아이에게 축복은 하되 저주하지 말도록 가르치시오. 그가 우리 아이들을 죽이고 있기 때문이오."

♣ 왼 쪽: 한 소년이 달려오다 소년 예수님의 어깨에 부딪히자,
　　　　　화가 난 예수님이 그를 저주하여 고꾸라져 죽게 한다.
　오른쪽: 죽은 아이의 부모가 와서 요셉에게 항의하자,
　　　　　예수님이 그 아이를 다시 살아나게 한다.
　　　　　살아난 아이가 걸어간다.
　　　　　Tring Tile, 1330, 162mmx324mm, British Museum.

제 5 장

1 그래서 요셉은 어린 예수님을 조용히 불러 꾸짖으며 이렇게 말하였다. "너는 어찌하여 그런 짓을 하느냐? 그리하여 이 사람들이 고통을 당하고 우리를 미워하고 핍박하게 하느냐?"

그러나 예수님은 이렇게 말씀하셨다. "나는 당신이 하는 이 말들이 당신의 말씀이 아니라는 것을 알고 있습니다. 그렇지만 당신을 위해 침묵하겠습니다. 그러나 그들은 벌을 받을 것입니다."

그러자 그를 비난한 사람들은 그 즉시 눈이 멀고 말았다.

2 이것을 본 사람들은 몹시 두려워하고 당황하며 그 분에 대해 말하기를, "그가 하는 모든 말은, 선한 것이든 나쁜 것이든 모두 이루어지고 놀라운 기적이 된다"고 하였다.

그러나 요셉은 예수께서 그렇게 하신 것을 보고 몹시 화가 나 일어나서 예수의 귀를 잡고 아프도록 세게 당겼다.

♣ 화가 난 부모들이 요셉에게 예수님의 행실에 대해 책망하고 있다.

3 그러자 어린 예수님은 몹시 화가 나서 그에게 이르되, "당신은 찾아도 발견하지 못하는 것이 그럴 만도 합니다. 당신은 정말로 현명하지 못하게 행동하였습니다. 내가 당신의 아들이라는 것을 모르십니까?[1] 나를 괴롭혀서는 안 됩니다."

---

1) 이 책 3부의 라틴어 사본에는 다음과 같다.

　당신은 나를 보더라도 나에게 손대지 않는 것이 좋습니다. 당신은 내가 누구인지 모르기 때문입니다. 만일 안다면 나를 괴롭게 하지 않을 것입니다. 설사 당신과 같이 있다 하더라도 나는 당신보다 먼저 만들어진 존재입니다.

　그리스어 원문에서의 난해함은 가다듬어져 있다.

♣ 새끼 사자와 예수, 그의 뒤에는 마리아와 요셉이 서 있다.
"당신은 나에게 손대지 않는 것이 좋습니다.
당신은 내가 누구인지 모르기 때문입니다.
만일 안다면 나를 괴롭게 하지 않을 것입니다.
설사 당신과 같이 있다 하더라도 나는 당신보다 먼저
만들어진 존재입니다.
이 야수들도 나를 압니다. 사람들만 나를 알지 못합니다."

제 6 장

1 삭개오라는 이름을 가진 어떤 선생이 무슨 일로 마침 그 자리에 있었는데, 예수께서 그의 아버지에게 말씀하시는 것을 듣고 어린 아이가 그런 식으로 말하는 것에 크게 놀랐다.

2 그리고 며칠 후에 그는 요셉에게 다가와서 말하였다. "당신은 영특하고 머리가 있는 아들을 두셨습니다. 그 아이를 내게 보내주시지요, 그러면 내가 글도 가르치고 온갖 지식을 가르쳐 윗사람들에게 인사하고 또 그들을 조상이나 아버지와 다름없이 공경하며, 또 같은 나이의 아이들을 사랑하는 법을 가르치겠습니다."

3 그러자 예수께서는 알파에서 오메가까지 모든 문자를 정확하게 음미하며 말하여 보이고 선생 삭개오를 뚫어지게 보시며 말씀하셨다.

"당신은 알파의 본질도 모르면서[1] 어떻게 남에게 베타를 가르치는 것입니까. 위선자여, 만일 당신이 이것을 알고 있다면 먼저 알파를 가르치시오. 그러면 베타에 대해서도 당신을 믿겠습니다."

이렇게 말씀하시고 선생에게 첫째 문자에 대하여 질문하기 시작하였는데 선생은 그에게 대답하지 못하였다.

---

1) 신약성서에서도 예수께서는 자기 자신이 알파이고 오메가라고 또 다시 언급하고 있다.

† 나는 알파와 오메가요, 처음과 나중이요, 시작과 끝이라.　　[요한계시록 22:13]

4 그리고 많은 사람들이 듣고 있는 앞에서 삭개오에게 말씀하시기를 "선생이시여, 첫째 문자의 구성 질서에 대하여 들으시오. 그리고 다음과 같은 점에 주의하십시오. 사선과 한가운데에 선이 있는데 그것은 보시는 바와 같이 합쳐지는 선을 가로지르고 있어 한 점에 모이고 위로 올라가며 원을 그리고 또 갈라집니다. 알파는 세 부의 똑같은 종류의 같은 길이의 선을 가지고 있습니다."2)

---

2) 위 알파에 대한 의론은 단순히 글자 모양에 관한 것이 아니라, '그노시스적' 알레고리와 연관 가능성이 있다. [이레나이우스의 《이단반론》1.20-1 참조]. 이 부분의 텍스트는 그노시스적 영향을 제거하는 과정에서 파손된 것으로 생각된다.

제 7 장

1 삭개오 선생은 그 어린 아이가 첫 번째 문자에 관하여 그 토록 훌륭한 비유를 들어 말하는 것을 들었을 때 그토록 훌륭한 설명과 가르침에 너무나 당황하였다.

그래서 그곳에 있는 사람들에게 말하였다. "아아! 비참하도다! 내가 이 아이를 여기로 데려왔다가 스스로 수치를 당하는구나.

2 그러니 요셉 형제여, 간청하노니 이 아이를 데려가시오. 나는 그의 엄격한 눈길도 견디기 어렵거니와 그의 말도 도무지 이해조차 할 수 없소. 이 아이는 지상에서 태어난 것이 아니오.[1] 이 아이는 불조차도 길들일 수 있는 아이요. 세상이 만들어지기도 전에 태어난 아이와 같소. 어떤 태[2]가 이 아이를 뱄던가, 어떤 모태가 이 아이를 키웠는지 나는 모르겠소.

---

1) 신약성서 요한복음 8:23 예수께서 가라사대 너희는 아래서 났고 나는 위에서 났으며 너희는 이 세상에 속하였고 나는 이 세상에 속하지 아니하였느니라.

2) 신약성서 누가복음에서도 예수의 신성을 강조하기 위해 예수의 출생에 관한 대목에서 모태를 언급하고 있다.

† … 여자 중에 네가 복이 있으며 네 태중의 아이도 복이 있도다.   [누가복음 1:42]

슬프도다! 오, 친구여, 나는 이 아이를 알 수 없으며 그의 지능을 따를 수 없소. 나는 자신을 속였고, 삼중으로 비참한 사람이오. 나는 제자를 얻으려고 애쓰다가 도리어 스승을 만난 결과가 되었소.

♣ 예수님 앞에 무릎을 꿇고 애원하고 있는 선생들
Bodleian Library, Oxford University, England 소장

3 친구들이여, 내가 노인이 되어 어린 아이에게 패배 당하여 내 마음은 수치심으로 가득하오. 나는 이 아이 때문에 낙담하고 죽고 싶은 심정이오. 나는 지금도 이 아이의 얼굴을 쳐다볼 수 없소. 그리고 모든 사람들이 내가 어린 아이에게 패배 당하였다고 말할 때 내가 무슨 말을 할 수 있겠소?

그리고 그가 나에게 말한 첫 번째 문자의 선에 대해 어떻게 설명해야 할지 나는 모르오. 아, 친구들이여, 나는 이 아이[3]의 시작도 끝도 알지 못하오.

---

3) 사본에 따라서는, '이 아이의'를 '이 문자의'로 해석해야 한다고 주장하기도 한다. 이 경우, '이 문자의 처음도 끝도 모른다'로 해석되며, 그것이 문맥상 타당하다는 주장도 있다.

4 그런즉 요셉 형제여, 간청 하노니 그를 당신 집으로 데려가 주시오. 그가 얼마나 위대한 존재인지, 신이라 해야 할지 천사라 해야 할지, 그렇지 않으면 무엇이라 말해야 할지 나는 알지 못하오."

제 8 장

1 유대인들이 삭개오를 위로하고 있는데, 어린 예수께서 크게 웃으며 말씀하셨다. "이제 당신이 가지고 있는 것들이 결실하게 하고, 마음의 눈이 먼 자들은 보게 하라.[1] 나는 하늘에서 내려왔느니라.[2] 이는 너희들을 위하여 나를 보내신 분이 명령하신 대로[3], 사람들을 저주하고 저희를 구원하고 더 높은 것으로 부르기 위함이니라."

---

1)† 소경이 보며 앉은뱅이가 걸으며..   [마태복음 11:5]
2)† 위로부터 오시는 이는 만물 위에 계시고...   [마태복음 11:5]
3)† 나를 보내신 이의 뜻을 행하려 함이니라.   [마태복음 6:39]

2 그리고 어린 예수께서 말씀을 멈추시자, 그의 저주를 받았던 모든 사람들이 즉시 온전하게 되었다.

그러나 그런 후로는 저주를 받거나 불구가 되지 않으려고 감히 아무도 예수님을 화나게 하지 않았다.

♣ 유대인들과 예수님과 불구자들(뒤편)
예수님이 어린 시절에 행한 기적을
나타내는 모자이크 타일
Tring Tile, Byland Abbey, England

제 9 장

1 그로부터 며칠 후 예수님이 어떤 집의 지붕 위에서 놀고 계셨다. 그런데 그와 함께 놀던 아이들 중 한 명이 지붕에서 떨어져 죽어버렸다.

다른 어린이들은 그것을 보고 도망쳤고 예수님만 혼자 서 계셨다.

♣ 옥상위에서 떨어지는 아이

2 그러자 죽은 아이의 부모가 와서 예수님이 그를 밀어 떨어뜨렸다고 책망하였다. (그래서 예수께서는, "나는 절대로 그를 밀어 떨어뜨리지 않았다." 하고 말씀하셨다.)[1] 그러나 그들은 예수님에게 큰 소리로 욕설을 퍼부었다.

---

1) 괄호 안의 문장이 없이는 내용상의 연결이 어색할 뿐 아니라 이해하기도 어렵다. 이 괄호 안의 문장은 그리이스어 B형의 짧은 사본과 라틴어 사본에서 볼 수 있다.

3 예수께서는 지붕에서 뛰어 내려 그 아이의 시체 옆에 서서 큰 소리로 외쳐 말씀하셨다.

"제노, (그것이 그 아이의 이름이었다) 일어나서 나에게 말해주겠느냐, 내가 너를 밀어 떨어뜨렸는지를?"

그러자 그 아이는 즉시 일어나 말하였다. "주여, 아닙니다. 당신이 나를 밀어 떨어뜨린 것이 아니라 나를 일으켜 세우셨습니다."

사람들은 이것을 보았을 때 크게 놀랐다. 그리고 그 아이의 부모는 이 기적이 일어난 것을 보고 하나님을 찬미하고 예수님께 경배하였다.

제 10 장

1 며칠 후, 어떤 청년이 근처[1])에서 장작을 쪼개고 있었다. 그런데, 도끼가 떨어지는 바람에 발이 둘로 쪼개져 출혈이 심하여 죽을 지경이 되었다.

2 그래서 큰 소동이 일어나고 군중이 모여들었는데, 어린 예수님도 그곳으로 달려갔다.

그리고 어린 예수께서는 있는 힘껏 군중을 헤치고 들어가 청년의 다친 발을 붙잡자[2]), 그 즉시로 치유되었다.

그런 다음 예수께서 청년에게 이르시되, "이제 일어나 장작을 쪼개라. 그리고 나를 기억하라."

군중은 방금 일어난 이 기적을 보고 어린 예수님에게 경배하며, "진실로 하나님의 영이 이 어린 아이 안에 거하시는 도다."하고 말하였다.

---

1) 사본에 따라서는 '모퉁이'로 표현된 것도 있다.

2) 예수님이 병 치료하는 대목은 신약성서에도 여러 차례 나오는 것으로, 같은 패러다임이다.

✝ ...열병으로 누웠는지라 사람들이 곧 그의 일로 예수께 여짜온대 나아가사 그 손을 잡아 일으키시니 열병이 떠나고 ..   [마가복음 1:31]

제 11 장

1 예수님이 여섯 살이 되셨을 때, 그의 어머니는 그에게 물동이를 주며 물을 길어 오라고 심부름을 시켰다.

그러나 사람들의 혼잡한 틈에서 부딪혀 물동이가 산산조각 나고 말았다.

2 그러나 예수께서는 입고 있던 외투를 벗어 펼치고 거기에 물을 가득 채워 어머니에게 가져가셨다. 1)

그의 어머니는 예수께서 행하신 구세주의 징표를 보고 그에게 입맞춤을 해주었다. 그리고 자신이 본 예수께서 행하신 신비한 일을 가슴 속에 소중하게 비밀로 간직하였다. 2)

---

1) 예수께서 행하신 기적을 나타내고 있다.

2) 신약성서에도 이와 같은 내용이 여러 차례 반복되고 있다.
† 마리아는 이 모든 말을 마음에 지키어 생각하니라.   [누가복음 2:19]

제 12 장

1 또 다시 파종하는 시기가 되자, 어린 예수께서는 아버지와 함께 자기들의 밭에 밀을 씨 뿌리러 갔다. 아버지가 파종하고 있을 때, 어린 예수께서도 밀의 낱알 하나를 뿌렸다.

2 그 후 그것을 수확하고 타작하니 백 석1)이나 되었다. 그래서 예수께서는 마을의 모든 가난한 사람들을 타작마당에 불러 들여 곡식을 나누어 주었고, 요셉은 남은 곡식을 가져갔다.

예수께서 이 기적을 행하셨을 때는 그의 나이 여덟 살이었다.

---

1) 한글성서에서는 편의상 '100석'으로 번역하고 있는데 히브리어 원어로는 골 (cor; kor)이다. 100 골은 39,300 리터이다.

† ...가로되 밀 백석입니다.   [누가복음 16:7]

♠ 예수님이 수확한 밀을 마차에 싣는 장면
단 한 알의 밀로 엄청난 양의 밀을 수확하는 기적을 일으켰다.
Tring Tile, 1330, 162mmx324mm, British Museum

제 13 장

1 그 당시 예수님의 양아버지는 목수였고 그 무렵 쟁기와 멍에를 만들고 있었다.

어느날 어떤 부자가 침대를 하나 만들어 달라고 주문하였다. 그런데 가로보라 불리는 한쪽 판자가 그 반대쪽보다 길이가 짧아 요셉은 어떻게 해야 좋을지 몰라 궁리하고 있었다. 그때, 소년 예수께서는 아버지 요셉에게 말하였다. "두 장의 판자를 내려놓고 한 쪽 끝을 똑같게 맞추십시오." 1)

2 그래서 요셉은 예수께서 말씀하신 대로 하였다. 그러자 예수님은 다른 쪽 끝에 서서 더 짧은 판자를 잡아당겨 늘여서 다른 쪽과 똑같은 길이로 만들었다.

그의 아버지 요셉은 그것을 보고 놀라, 그 아이를 안아주고 축복하면서, "하나님께서 나에게 이런 아이를 주시다니 나는 복이 있구나."라고 말하였다.

---

1) 사본에 따라서는 '중간부분' 으로 표현된 것도 있다.

제 14 장

1 요셉은 소년 예수의 이해력과 나이를 보았을 때, 어느 정도 나이가 찬 것을 보고 이 아이가 읽고 쓰기에 무지해서는 안 된다고 생각하였다. 그래서 요셉은 그를 데리고 다른 선생에게 데려갔다.

선생이 요셉에게 말하기를, "먼저 그에게 그리스 문자를 가르치고 그 후에 히브리어를 가르치겠습니다."[1] 선생은 아이가 전에 다른 선생을 시험한 것을 알고 있어서 그 아이가 두려웠다. 그럼에도 불구하고 선생은 알파벳을 쓰고 난 후, 그에게 오랫동안 관심을 기울였으나 예수께서는 대답하지 않으셨다.

---

1) 헬레니즘 세계에서는 그리스어가 국제어였다.

2 잠시 후에 예수께서 그에게 말씀하셨다. "만일 당신이 진정한 선생이라면, 그리고 문자를 잘 알고 있다면, 나에게 알파의 의미를 말하여 주시오. 그러면 내가 당신에게 베타의 의미를 말하겠습니다."

그러자 선생은 몹시 화가나서 예수님의 머리를 때렸다. 그러자 소년 예수는 아파하면서 선생을 저주하니 그는 즉시 기절하여 얼굴을 땅바닥에 부딪치며 쓰러졌다.

♣ 소년 예수가 랍비에게 무례하게 굴어 뺨을 맞고 있다.
Tring Tile, 1330, 162mmx324mm, British Museum

3 그리고 소년 예수는 요셉의 집으로 돌아갔다. 요셉은 걱정이 되어 그의 어머니에게 일렀다. "이 아이를 문 밖으로 내보내지 마시오. 이 아이를 화나게 만드는 사람들은 모두 죽을 것이기 때문이오."

제 15 장

1 얼마 후 요셉의 절친한 친구인 또 다른 선생이 요셉에게 말하였다. "그 아이를 내 학교로 데려오시오. 아마 내가 달래 가며 그에게 읽고 쓰기를 가르쳐 줄 수 있을 것이오."

그래서 요셉이 말하기를, "형제여, 만일 당신이 용기가 있다면, 그를 데려가시오." 그리하여 그 선생은 몹시 두렵고 또 걱정하면서 소년 예수를 데리고 갔지만, 그 아이는 기꺼이 그를 따라 갔다.

2 그리고 소년 예수께서 담대히 교실로 들어갔을 때였다. 그는 책상 위에 놓여있는 책을 보고서는[1] 그것을 가져다가 그 안에 있는 글들은 읽지 않고 성령으로 말미암아 말하며 주위에 서있는 사람들에게 율법을 가르쳤다.

그러자 모여든 큰 무리의 사람들이 모여 서서 그의 말씀을 듣고는, 그 가르침의 원숙함과 조리 있게 정돈된 말솜씨에 놀랐다.[2] 아직 어린 아이임에도 불구하고 그와 같이 훌륭하게 말하였기 때문이었다.

---

1) 신약성서에 같은 패러다임의 내용이 나온다.
† … 회당에 들어가사 성경을 읽으려고 서시매   [누가복음 4:16]

2) 신약성서에 같은 패러다임의 내용이 나온다.
† … 그 입으로 나오는 바 은혜로운 말을 기이히 여겨 …   [누가복음 4:22]

3 그러나 요셉은 그 말을 듣고, 겁이 나, 이 선생도 (그 전의 선생처럼 예수의 저주를 받아 불구자가 되는 것이나 아닌가)3)하고 생각하면서 학교로 달려갔다.

그러나 선생은 요셉에게 말하였다. "형제여, 내가 이 아이를 제자로서 받아들였다는 것을 아시기 바랍니다. 그러나 이 아이는 은총과 지혜로 충만합니다. 그래서 이제, 형제여, 당신에게 간청하노니 이 아이를 당신 집으로 데려가 주시오."

4 소년 예수는 이 말을 듣고 웃음을 던지며 말하였다. "당신은 옳은 말을 하였고 옳게 증언을 하였습니다. 당신 덕택에 저 맞은 다른 선생도 치유될 것입니다."

그러자 그 다른 선생이 즉시 치유되었다. 요셉은 그 어린 아이를 데리고 그의 집으로 돌아갔다.

---

3) 괄호 안의 문장은 티셴도르프가 정확하게 정정한 부분

4 소년 예수께서는 이 말을 듣고 웃음을 던지며 말씀하셨다. "당신은 옳은 말을 하였고 옳게 증언을 하였습니다. 당신 덕택에 저주받은 다른 선생도 치유될 것입니다."

그러자 다른 선생이 즉시 치유되었다. 요셉은 어린 예수님을 데리고 그의 집으로 돌아갔다.

제 16 장

 1 요셉은 자기 친아들 야고보[1]를 보내어 땔나무를 묶어 집으로 운반하라고 시켰다. 소년 예수께서도 그를 따라갔다. 야고보가 나무를 주워 모아 다발을 짓고 있었는데, 살모사가 야고보의 손을 물었다.

 2 그가 고통으로 심히 괴로워하며 죽을 지경에 이르렀는데, 예수님께서는 가까이 가서 물린 곳에 입김을 불어넣었다. 그러자 통증이 곧 멈추었고, 살모사는 터지고 말았다.

그리고 야고보는 곧 건강한 몸으로 회복되었다.[2]

♣ 예수님과 그의 동생들
예수, 야고보, 유다

---

1) pp76-77, 요셉의 친아들 야고보 참조
   야고 대목은 신약성서에도 나오는 '뱀의 독 이야기'와 같은 패러다

2) 이 대목은 신약성서에도 나오는 '뱀의 독 이야기'와 같은 패러다임이다.
   † 뱀을 집으며 무슨 독을 마실지라도 해를 받지 아니하며 병든 사람에게 손을 얹
   은즉 나으리라 하시더라   [누가복음 16:18]

다윗 왕의 정통 혈통은 예수인가, 예수의 동생 야고보인가?

≪성서의 뿌리(신약), pp250-254에서 발췌≫
≪예수의 마지막 오딧세이, 목영일 교수 저, pp21-28에서 발췌≫

예수에게는 같은 어머니 배에서 태어났으나 아버지는 다른 4명의 형제들과 2명의 자매들이 있었다. 이들은 요셉의 피를 받아 태어난, 즉 진짜로 다윗의 씨를 받아 태어난 다윗의 후손들로, 야고보, 요세, 시몬, 여동생1, 여동생2, 유다이다.

그 이전에 요셉에게는 전처소생의 두 딸들이 있었는데 마리아와 재혼하기 전에 모두 출가하였다. 마리아가 혼전에 임신하여 들어와서 낳은 혼외자 예수를 제외하고, 요셉은 두 아내에게서 모두 8명의 친자녀를 두었다.

마리아는 요셉의 두 번째 부인으로, 요셉의 첫 부인의 사후에 재취로 들어간 것이었다.

도표에서 보듯이, 다윗으로부터 계승된 정통 혈통은 다윗-요셉의 피를 받아 태어난 야고보이다. 성령으로 태어나 다윗-요셉의 피를 단 한 방울도 이어받지 않은 예수는 다윗 왕의 혈통과는 하등의 관계가 없다.

유대민족에게 진정한 다윗 왕의 정식 혈통을 이은 적통자는 요셉-야고보이다. 이스라엘인들은 야고보만을 적법한 왕으로 인정하고 있다.

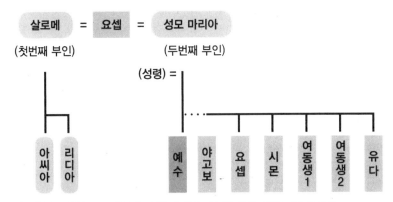

♣ 예수는 성령으로 태어나 다윗-요셉의 피 한 방울, DNA 한 조각도
이어받지 않아 다윗 왕의 혈통과는 하등의 관계가 없다

메시아(Messiah; Christ; 히브리 민족의 왕이자 제사장)는 부계혈통 상 다윗 왕의 피를 이어받은 후손이어야 한다. 기독교의 성령 잉태설에 따르면, 예수는 동정녀에게서 태어나 애초부터 메시아의 자격요건에서 벗어났다.

이처럼 이스라엘 민족에게 진짜 기름부음을 받은 메시아는 다윗의 후손인 야고보이다. 다만 기독교에서는 야고보를 밀어내고 다윗-요셉의 피 한 방울, DNA 한 조각도 이어 받지 못한 예수를 다윗-요셉의 적통자, 즉 메시아[제정일치의 수장]로 삼음으로써 이스라엘인들의 분노를 사고 있는 것이다.

예수의 혈족들, 또한 야고보의 혈족들은 '데스포시니(Desposyni; desposynos/데스포시노스 Gk.)'라고 불리었는데, 여기에는 양아버지 요셉과 전처소생의 두 자매들을 제외한, 어머니 마리아, 형제들인 의로운 야고보(James the Just), 요세(Joses), 시몬(Simon)과 유드(Jude), 그리고 그의 자손들이 포함되었다.

특히 다윗 왕의 정통 혈통인 야고보의 혈족들은 다윗 왕과 대제사장 아론의 후손이라고 여겨졌기 때문에, 이스라엘의 명목상의 왕좌와 예루살렘의 고위 사제직을 차지할 권리를 주장 할 수 있었다.

실제로도 예수 사후 이스라엘 교회를 승계하여 이끈 것은 다윗의 피를 이어받은 야고보, 요셉, 유다, 시몬과 그의 자손들이었다. 그들은 예루살렘의 주교직을 맡았다. 예루살렘의 첫 주교는 야고보였다.

예수 이후 교단은 예수 친족들인 데스포시니와 바울교단으로 파가 나뉘어 양분되어 있었다. 예수의 혈족들이 국내파로 예루살렘 교단의 지도적 지위를 차지하고 유대인을 대상으로 한 것에 비해, 바울파의 교단은 해외파로 이방인을 대상으로 하였다.

야고보와 바울은 갈등의 골이 깊었다. 교회지배에 대한 헤게모니 쟁탈전은 격화되었다. 이 파벌싸움의 발단은 헬라파 기독교 지도자 바울이 믿음을 강조하며 공공연히 유대교 율법에 바탕을 둔 예수의 세례나 할례와 같은 가르침을 지키지 말라고 가르친 데서 비롯되었다. 야고보는 바울이 자신의 형 예수의 가르침을 제멋대로 왜곡하는 이단자라고 비난하였다.

≪성서의 뿌리(신약), pp250-254에서 발췌≫
≪예수의 마지막 오딧세이, 목영일 교수 저, pp21-28에서 발췌≫

제 17 장

1 그리고 이런 일들이 일어난 후에, 요셉 이웃의 아기가 병이나 죽었고 그의 어머니는 몹시 슬퍼하며 울었다.

예수께서 큰 슬픔과 소란한 일이 일어났다는 말을 들으시고 서둘러 달려갔다.

그리고 아이가 죽은 것을 보고, 그 가슴을 만지며 말하였다. "아가야, 내가 너에게 말하노니, 죽지 마라. 살아나서 네 엄마와 함께 살아라. 1)"

그러자 아기는 즉시 눈을 뜨고 올려다보며 웃었다.

그리고 예수께서 그 여자에게 말씀하셨다. "어서 아기를 데려가 젖을 먹이시오. 그리고 내가 한 일을 기억하시오."

---

1) 신약성서에도 죽은 자를 살리는 기적 이야기는 여러 차례 반복되고 있다.

† … 가라사대 달리다굼 하시니 번역하면 곧 소녀야 내가 네게 말하노니 일어나라 하심이라.   [마가복음 5:41]

† … 내 어린 딸이 죽게 되었사오니 오셔서 그 위에 손을 얹으사 그로 구원을 얻어 살게 하소서 하거늘   [마가복음 5:23]

2 그 자리에서 이 같은 일을 지켜보고 있던 군중들은 놀라움을 금치 못하며 말하기를, "진실로 이 아이는 하나님이나 하나님의 천사이시다. 그 분의 모든 말씀이 그대로 이루어지기 때문이다."

그리고 예수님은 그 곳을 떠나 다른 아이들과 놀고 계셨다.

제 18 장

1 그리고 얼마 후 집을 짓고 있을 때 큰 소동이 일어났다. 마침 예수님이 일어나 그곳으로 가셨다.

그리고 한 남자가 죽은 채로 누워있는 것을 보시고, 그의 손을 잡고 말씀하셨다. "남자여, 내가 당신에게 말하노니, 일어나서[1] 일을 하라."

그러자 그는 즉시 일어나서 예수께 경배하였다.

---

1) 예수님이 죽은 사람을 살리는 일화는 신약성서에서도 여러 곳에서 찾아 볼 수 있다.

✝ ⋯ 예수께서 가라사대 청년아 내가 네게 말하노니 일어나라 하시매 죽었던 자가 일어나 앉고 말도 하거늘 예수께서 그를 어미에게 주신대　　　[누가복음 7:14~15]

2 군중이 이것을 보고 놀라서 말하였다. "이 아이는 하늘에서 왔다. 왜냐하면 그가 많은 사람들을 죽음에서 구원하였으며, 평생 계속해서 사람들을 구원하기 때문이다."

제 19 장

1 예수님이 열두 살 때 그의 부모는 관습에 따라 순례하는 사람들과 함께 유월절에 예루살렘으로 갔다. 그리고 유월절 후, 그들이 자기 집으로 돌아가는 도중 소년 예수는 다시 예루살렘으로 갔다.

그런 줄도 모르고 그의 부모는 아이가 순례하는 사람들 틈에 끼어 있는 줄로만 생각하였다.

2 그들은 하루 길을 가고 나서야, 친족들 틈에서 그를 찾았으니 발견하지 못하자 슬퍼하면서 그를 찾으며 그 도시로 돌아갔다.

그리고 사흘이 지나서야, 소년 예수가 성전에서 율법학자들의 사이에 앉아 율법에 관해 듣고 또 질문하고 있는 것을 발견하였다. 그들은 어린 아이가 어떻게 율법의 요점과 예언자들의 비유를 설명하고, 장로들과 교사들의 말문을 막히게 하였는지에 놀랐다.

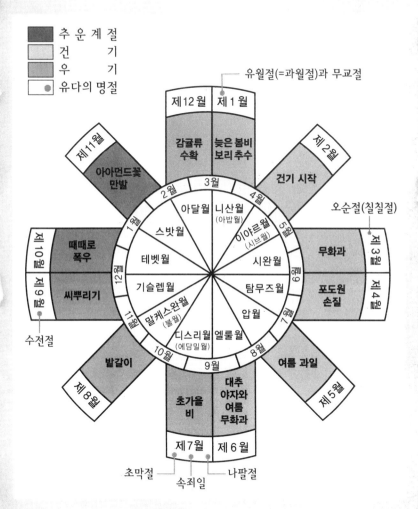

추운계절
건　　기
우　　기
● 유다의 명절

유월절(=과월절)과 무교절

제12월 | 제1월

감귤류 수확

늦은 봄비 보리 추수

제11월

아아먼드꽃 만발

제2월

건기 시작

오순절(칠칠절)

3월

2월

아달월

니산월 (아밥월)

4월

스밧월

이아르월 (시브월)

제3월

무화과

테벳월

시완월

1월

5월

제4월

포도원 손질

기슬렙월

탐무즈월

12월

6월

말케스완월 (불월)

압월

11월

7월

제10월

때때로 폭우

디스리월 (에담밀월)

엘룰월

10월

8월

제9월

씨뿌리기

수전절

밭갈이

9월

초가을 비

대추 야자와 여름 무화과

여름 과일

제8월

제7월 | 제6월

제5월

초막절

속죄일

나팔절

♣ 유다의 달력과 명절

3 그의 어머니 마리아가 가까이 가서 말하기를 "애야, 너는 어찌하여 우리에게 이런 일을 하였느냐? 보라 우리는 염려하며 너를 찾고 있었다."

그러자 예수께서 그들에게 말씀하시기를, "왜 나를 찾는 것입니까? 내가 아버지 집에 있어야 한다는 것을 모르십니까?"1)

---

1) 예수님의 12세 때 성전에서의 이야기는 누가복음에도 거의 그대로 실려 있다. 어느 한 쪽이 paraphrase 한 것으로 보인다.

† 그 부모가 보고 놀라며 그 모친은 가로되 아이야 어찌하여 우리에게 하였느냐 보라 네 아버지와 내가 근심하여 너를 찾았노라 예수께서 가라사대 어찌하여 나를 찾으셨나이까 내가 내 아버지 집에 있어야 될 줄을 알지 못하셨나이까 하시니

[누가복음 2:48~49]

4 그러자 율법학자들과 바리새파 사람들이 말하기를, "당신이 이 아이의 어머니입니까?" 그녀가 "그렇습니다."라고 말하자 그들이 또 어머니에게 이르되, "당신은 여자 가운데 가장 복되신 분이십니다. 하나님께서 당신의 태의 열매를 축복하신 것입니다. 2) 실로 이러한 영광과 미덕과 지혜를 지금껏 본 적도 들어본 적도 없기 때문입니다."

---

　2) 신약성서 누가복음에서도 예수님의 신성을 강조하기 위해 예수님의 출생에 관한 대목에서 모태를 언급하고 있다.

　† … 여자 중에 네가 복이 있으며 네 태중의 아이도 복이 있도다. [누가복음 1:42]

성화에 나타나 있는 12세의 예수님

† 사흘 후에 성전에서 만난즉 그가 선생들 중에 앉으사 저희에게 듣기도
하시며 묻기도 하시니 듣는 자가 다 그 지혜와 대답을 기이히 여기더라.
[누가복음 2:46-47]

♣ 유대교 신전에서의 12세의 예수   ♣ 유대교 신전에서의 12세의 예수

Paolo Vernese(1528~1588) 작   예수가 원로 랍비들을 공경하는 태도로
예수가 가장 높은 곳에 앉아 자기보다   공손히 앉아 있다.
한참 나이 많은 원로 랍비들을 가르치고   두 그림 중 어느 쪽이 사실에 가까운지
있는 모습으로 과장하여 묘사하고 있다.   는 독자 여러분의 판단에 맡긴다.

  왼쪽의 성화는 예수님을 신격화하기 위해 그려진 것으로, 실제로 12세의 어린 아
이가 한참 연상인 유대학자들의 윗자리에 앉아 가르친다는 것은 결코 있을 수 없
는 일이었다.

  유대교 성전에서의 예수님의 일화는 유대교 랍비들의 말씀을 듣기도 하고 간혹
질문도 드리는 형식이다. 즉 교리문답이었던 것이다. 이와 같은 교리문답이 당시에
는 유대교 교의(敎義)를 깨우쳐 주는 효과적인 방법으로 권장되고 있었기 때문이었
다. 이것은 일종의 소크라테스식 문답법으로 오늘날에도 이스라엘에서는 크게 달라
진 바 없다.

  그러나 성인식 이전의 아이에게는 랍비에게 자신의 종교적 견해를 말하거나 질문
하는 것조차 허용되지 않았다. 오로지 듣는 것만 허용되었다.

  성인식을 갓 치른 예수에게는 이 랍비들과의 종교적 대화는 일종의 구두시험과
같은 것이다.   ≪예수의 마지막 오딧세이, 목영일 교수 저, pp21-28 참조≫

5 그리고 예수께서 일어나서 자기 어머니를 따라가 그 부모에게 순종하셨다. 그러나 그의 어머니는 일어난 모든 일들을 마음에 간직하여 두었다.

그리고 예수께서는 지혜와 키와 은총이 점점 더하여 갔다. 3)
하나님의 영광이 영원무궁토록 그 분에게 있습니다. 아멘.

---

3) 예수님의 12세 때 성전에서의 이야기는 누가복음에도 거의 그대로 실려 있다. 어느 한 쪽이 paraphrase 한 것으로 보인다.

† 예수께서 한가지로 내려가사 나사렛에 이르러 순종하여 받드시더라 그 모친은 이 모든 말을 마음에 두니라.　　　　　　　　　　　　　　[누가복음 2:51]

† 예수는 그 지혜와 그 키가 자라가며 하나님과 사람에게 더 사랑스러워 가시더라.
　　　　　　　　　　　　　　　　　　　　　　　　　　[누가복음 2:52]

예수님 당시 유대 소년들이 받은 교육

≪성서의 뿌리(신약), pp250-254에서 발췌≫
≪예수와 붓다, pp28-33에서 발췌≫

예수님 당시의 유대소년들은 어렸을 때부터 2가지 교육을 받았다. 하나는 직업교육이고 다른 하나는 종교교육이었다.

예수님은 직업교육으로 처음에는 양아버지 요셉의 곁에서 목수 일을 배웠다. 양아버지 요셉의 가업을 계승하여 목수가 되는 것이 일반적 관례이었으나 당시 직업은 세습은 아니었다. 적성에 맞지 않거나 자식이 여럿인 경우에는 다른 직업을 가질 수 있었으며, 다른 일을 배우도록 다른 곳에 일하러 보낼 수도 있다.

다른 곳에 가서 일할 경우에는 계약서를 썼다. 계약이 되면 일을 배워 익히는 수습기간 동안의 식사비와 의복비 등은 아버지가 부담하고, 고용주는 매달 월급을 준다. 수습 기간이 끝나고 나면 그곳에서 직원으로 일하거나 따로 독립하게 된다.

이러한 계약은 노동자의 고용계약이라기보다는 기술습득을 위한 도제교육 내지는 실업학교의 구실을 하였다.

한편 종교교육은 주로 공회당(公會堂)이나 시나고그(synagogue; 유대교회당)에서 행해지는 이스라엘 민족성서 구약의 모세5경 낭송과 암기가 중심이 되었다.

안식일(일요일), 제2일(월요일), 제5일(목요일)에는 구약성서의 〈모세5경; 창세기·출애굽기·레위기·민수기·신명기; Torah/토라; pentateuch/펜타튜크(penta '5' + teuchos '책'); 율법〉을 낭송한다.

보통 히브리어로 하지만 당시에는 아람어(Aramaic)가 일반적으로 통용되고 있었으므로 랍비(rabbi; 유대교 사제)가 한 구절 한 구절 일일이 읽고 나서 아람어로 해석하고 설명하였다. 예수님이 썼던 말도 아람어와 히브리어였다. 신약에 나오는 저 유명한 '탈리다 쿰(Talitha cumi; 소녀야 일어나라)'이란 말도 아람어이다.

〈모세오경〉은 154개의 부분으로 나누어져 3년 걸려서 모세오경의 전체적인 낭독이 끝나게 된다.

예수는 이러한 교육을 받으며 어린 시절을 보냈다.

♣ 소년 예수와 목수 수업을 받는 모습

　신약성서 4복음서에는 예수님의 탄생 이후부터 예수님의 어린 시절의 성장과정을
보여주는 내용을 전혀 찾아 볼 수 없다.

　이것은 기록되지 않은 것이 아니라 예수님의 어린 시절의 기록이 모조리 삭제되
었기 때문이다. 4세기에 신약성서를 편집할 당시, 예수님의 소년기와 청년기의 기
록이 예수님의 인성(人性)을 여과 없이 드러내어 예수의 위상을 신으로 정립시키는
데 불리하다하여 삭제되었기 때문이다.

　누가복음만은 12세 때 예루살렘의 유대교 성전에서 유대교 학자들과 대화하는 일
화를 간략하게 언급되고는 있으나, 이마저도 예수의 탄생 이후에서 30세에 이르기
까지의 크나큰 공백을 단 하나의 일화로 얼버무리며 넘어가려는 어설픈 시도에 불
과하다.

　12세 이후, 비범하였던 예수는 촌 동네에서의 배움에 만족할 수 없었다. 결국 예
수는 그 후 배움의 길을 찾아 머나먼 길을 떠난다.

≪예수의 마지막 오딧세이, 목영일 교수 저, pp21-28 참조≫

♣ 목수의 작업장 터
소년 예수가 그의 양아버지를 도와 목수
일을 하였다는 곳이다.
지금은 작업장 터 위에 나사렛 성 요셉
가톨릭교회가 세워져있다.

♣ 나사렛에 있는 예수가 다녔던
유대교회당 입구

　회당은 예배와 교육의 장소로 사용되었다. 예수님도 이곳에서 다른 유대소년들과
마찬가지로 유대민족서인 구약 율법, 시편, 지혜서, 예언서 등을 배우고 외웠다. 글
씨를 쓰고 소리 내어 읽는 방식의 교육이 행하여졌다.

　성화에는 예수님이 배우던 유대교회당이 웅장하게 그려져 있다. 그러나 실제로는
시골에 있는 작고 초라한 회당에 지나지 않는다.

　우리는 예수 생애에 대한 많은 성화의 이미지에 익숙해있다. 그런데 현장을 순례
차 방문해보면, 평소 생각과 실제의 사실이 얼마나 다른 것인지, 또한 사실에 근
거한 정확한 지식을 받아들이고 사실에 바탕을 둔 믿음을 가지려는 자세가 얼마나
중요한 가를 실감하게 된다.

제 2 부

그리스어 원문번역
Greek Mss B, Second Greek Form

: 5세에서 8세까지의 소년 예수의 이야기(11장)

제 1 장

1 나 이스라엘 사람 도마는 우리 주 예수 그리스도께서 나사렛 성읍에서 거주하실 때인 그의 나이 5세가 되던 어린 시절에 행하신 위대한 일들을 모든 이방인 형제들에게 알릴 필요가 있다고 생각한다.

♣ 예수님과 그의 동생 야고보

---

1) 저자가 《도마 복음서》의 저자인 사도 도마Didymos Judas Thomas로 여겨진다. 한편, 동명이인의 다른 저자일 것이라는 주장도 있어왔다. '도마'라는 이름이 당시에는 매우 흔한 이름이었기 때문이었다.

제 2 장

 1 어느 날, 폭풍우가 몰아치던 때였다. 어린 예수께서는 어머니가 있는 집밖으로 나가 물이 흐르는 땅에서 놀았다. 그리고 그는 웅덩이를 여럿 만들고, 물을 끌어들여, 웅덩이들은 물로 가득 찼다.

 그리고 나서 그는 말하였다, "나의 뜻이다, 맑고 좋은 물이 되어라."

 그러자 웅덩이 물은 즉시 그렇게 되었다.[1]

---

1) 여기서 예수님이 물을 웅덩이로 모았다는 구절은 '하나님이 가라사대 천하의 물이 한 곳으로 모이고[창세기 1:9]' 를 연상시키는 것으로, 예수님의 창조적 업적을 하나님의 업적과 동격임을 암시하고자 하는 것으로 생각된다.

2 율법학자 안나스Annas의 아들이 지나가다가, 그가 들고 있던 버드나무 가지에 쓸려 웅덩이가 무너져 물이 흘러나갔다.

예수께서는 돌아서서 그에게 말씀하셨다. "불경하고 사악한 자야, 웅덩이 물이 다 빠지게 하다니! 웅덩이가 네게 어떻게라도 해를 끼치기라도 했느냐? 너는 네 길을 계속 가지 못한다. 그리고 너는 네가 끌고 가는 그 나뭇가지처럼 말라버릴지어다."2)

---

2) 이 대목은 신약성서에도 나오는 '예수님의 저주로 시드는 무화과나무 이야기'와 같은 패러다임이다.

† 이른 아침에 성으로 들어오실 때에 시장하신지라 길가에서 한 무화과나무를 보시고 그리로 가사 잎사귀 밖에 아무 것도 찾지 못하시고 나무에게 이르시되 이제부터 영원토록 네가 열매를 맺지 못하리라 하시니 무화과나무가 곧 마른지라.

[마가복음 21:18~19; 마태복음 21:19]

3 그러자 그 아이는 길을 가다가 곧 쓰러져 죽었다. 예수와 함께 놀던 아이들이 이것을 보고 놀라서, 죽은 아이의 아버지에게 가서 말하였다.

그 아이의 아버지는 달려와 자기 아이가 죽은 것을 발견하고는 요셉에게 달려가 책망하였다.

제 3 장

1 예수께서 찰흙으로 열두 마리의 참새를 만드셨는데¹⁾, 그 날은 안식일이었다.

그 때 한 아이가 달려가 요셉에게 말하였다, "보시오, 당신 아이가 개울에서 놀고 있습니다. 그리고 그가 진흙으로 참새를 만들었는데, 그것은 율법을 어긴 것입니다."

2 요셉이 이 말을 듣고, 가서 예수님에게 말하기를, "너는 어찌하여 안식일을 모독하며 이리 하는 것이냐?"

그러나 예수께서는 그에게 아무런 대답도 하지 않으시고 그 참새들을 보시며 말씀하셨다. "날아가거라! 그리고 나를 기억하라!"

그러자 이 말에 참새들은 공중으로 날아 올라갔다. 그리고 요셉은 그것을 보고 놀랐다.

1) 예수님이 진흙으로 참새를 빚어 만드는 행위는 하나님의 창조의 행위에서 '여호와 하나님이 흙으로 사람을 지으시고 … [창세기 2:19]와 같은 창조의 연장선상에 있음을 암시하는 듯하다.

2) 왜 12마리인가?

고대로부터 유대인들에게 전해 내려오는 게마트리아(gematria; 수비술/數秘術)에 근거한 것이다. 이 게마트리아에 따르면, 12는 유대민족의 12부족, 즉 유대인 전체를 가리킨다. 유대교도였던 예수님이 12제자를 임명한 것도 바로 여기에 근거한 것이다.　　　　　　　　　　　　　　　≪성서의 뿌리(신약) pp95-96, 267 참조≫

제 4 장

1 며칠 뒤, 예수께서 성읍 한가운데를 지나가실 때에, 한 소년이 돌을 던져 그의 어깨를 쳤다[1].

그러자 예수께서 그에게 말씀하셨다, "너는 네 길을 계속 가지 못할지니라." 그러자 그 아이도 즉시 쓰러져 죽었다.

그러자 마침 거기에 있던 사람들은 놀라서 충격을 받고 말하였다. "이 아이는 대체 어디서 왔기에, 그가 말하는 모든 말이 그대로 이루어지는가?"

2 그리고 그들도 요셉에게 가서 꾸짖으며 말하였다. "당신이 이 성읍에서 우리들과 함께 사는 것은 불가능하다. 그러나 함께 살기를 바란다면 네 아이에게 저주가 아니라 축복하라고 가르쳐라. 그가 우리 아이들을 죽이고 있으며, 또한 그가 말하는 모든 것이 그대로 이루어지니 말이다."

♣ 왼 쪽: 한 소년이 달려오다 소년 예수님의 어깨에 부딪히자,
　　　　화가 난 예수님이 그를 저주하여 고꾸라져 죽게 한다.

오른쪽: 죽은 아이의 부모가 와서 요셉에게 항의하자,
　　　　예수님이 그 아이를 다시 살아나게 한다.
　　　　살아난 아이가 걸어간다.
　　　　Tring Tile, 1330, 162mmx324mm, British Museum

---

1) 이것은 그릿어 사본 A에 나오는 일화, 즉 달려오던 소년이 예수님의 어깨에 부
딪히는 이야기의 변형으로 보인다.

제 5 장

요셉이 자리에 앉아 있었는데, 어린 예수께서 자기 앞에 서 있었다. 요셉이 예수님의 귀를 잡고 세게 꼬집어 아프게 하였다.

예수께서는 그를 흔들림 없이 보시고, "이만하면 충분하니 그만하시지요." 라고 말씀하셨다.

♣ 새끼 사자와 예수, 그의 뒤에는 마리아와 요셉이 서 있다.
"당신은 나에게 손대지 않는 것이 좋습니다.
당신은 내가 누구인지 모르기 때문입니다.
만일 안다면 나를 괴롭게 하지 않을 것입니다.
설사 당신과 같이 있다 하더라도 나는 당신보다 먼저
만들어진 존재입니다.

이 야수들도 나를 압니다. 사람들만 나를 알지 못합니다."

제 6 장

1 그 다음 날, 요셉은 예수의 손을 잡고, 이름이 삭개오^{Zacchæus} 라 하는 어떤 교사에게 데리고 갔다. 요셉이 그에게 말하기를, "오 선생이시여, 이 아이를 데리고 가서 그에게 읽고 쓰기를 가르쳐 주십시오." 하였다.

그러자 그 선생이 말하였다. "형제이시여, 그 아이를 나에게 넘겨주시오. 그러면 내가 그에게 성서^{유대교 성서: 기독교에서의 구약성서}를 가르치겠습니다. 그리고 저주하지 말고 모두를 축복하도록 설득할 것입니다."

2 예수께서는 이 말을 들으시고 웃으면서 그들에게 말씀하셨다. "당신은 당신이 아는 것을 말한다. 그러나 나는 당신보다 더 많이 안다. 나는 여러 시대 전부터 있어왔기 때문이다. 나는 당신 조상의 조상들이 언제 태어났는지도 안다. 그리고 나는 당신이 몇 살인지도 알고 있다.

이 말을 듣고, 그들은 깜짝 놀랐다.

···장구대다라니》는 불교 최대의 사기!
···구대다라니를 천수경에서 당장 삭제해야 한다!

··의 폭로작 : 마침내 불교계를 근간부터 뒤흔드는
핵폭발을 능가하는 희대의 폭로 문건이 나왔다!

★ 힌두교의 청경다라니를 가져다 신묘장구대다라니로 도용하고 있는 불교!

고질적 논란거리였던 신묘장구대다라니의 정체가 힌두교 시바 신과 비슈누 신에 대한 예찬 기도문이라는 사실을 가감 없이 폭로한다!

법진 · 세계불교홍법원장 이원일 박사 공저
신국판/320쪽/값18,000원
전국유명서점. 인터넷서점 절찬리 판매 중!
(문의 및 주문전화 02-3442-0256)

··장구대다라니는 힌두교 신들에 대한 예찬 기도문!

···구대다라니에는 부처님의 위신력과 관세음보살의 대비신력이 들어있다고 말한
···나 신묘장구대다라니의 어구 어디에도 그러한 내용은 없다!
···구대다라니는 불교와는 하등의 관계가 없는, 부처님께서 극구 배척하셨던 외도
··· 시바 신과 비슈누 신을 찬양하는 예찬기도문이라는 충격적 사실이 밝혀졌다.

··의 성전에서 부처님께서 혁파하셨던 외도 힌두교 신들을 찬양
··묘장구대다라니를 소리 높여 독송하고 있는 기막힌 현 상황!
··에 대한 불경不敬이요, 모독이 아닌가!

···교 역사상 최초로 신묘장구대다라니 완전해석!
···장구대다라니 상세해설 및 범어, 우리말, 영어 번역 수록
···구대다라니의 정체에 관한 답답함과 의문점들 완전 해소!
···조목 구체적으로 증거자료들을 제시하며 명쾌한 해설

···을 읽지 않고 신묘장구대다라니를 말하지 말라!
···구대다라니에 대한 모든 것은 이 책 하나로 끝!

TV 종합뉴스 방송

[원본] 사르곤왕 이야기

[사본] 모세 이야기

· 사르곤 왕을 그대로 베낀 모세 이야기

사르곤 1세	모세
어머니가 신전의 여사제	어머니가 제례를 담당하는 레
탄생을 숨겨야 했다	탄생을 숨겨야 했다
갈대바구니가 물이 새지 않도록 역청을 바른 다음 아기를 넣었다	갈대바구니가 물이 새지 역청을 바른 다음 아기를 넣
어머니가 유프라테스 강에 띄웠다	어머니가 나일강에 띄웠다
이쉬타르 여신이 후원자였다	파라오의 공주가 후원자였다
아버지가 산신임을 알게 되었다	여호와 신을 산에서 알게 되
제국을 이끄는 지도자가 된다	민족을 이끄는 지도자가 된다

6 우물가의 사마리아 여인

[원본] 『마등가녀경』에서 아난존자가 우물가에서 상종을 기피하는 천민 마탕가족의 파카티(Pakati) 처녀에게 우물가에서 물을 청하자, 그녀는 자신이 천민의 딸이므로 귀하신 분께 물을 떠 바칠 없다고 말한다. 아난다는 자신은 부처님의 제자로서 빈부귀천 상하의 차별을 하지 않으니 물을 라고 한다.

[사본] 「요한복음 4:3~15」에서 예수가 우물가에 앉아 유대인들이 천하게 여겨 상종을 기피하는 민 사마리아 여인에게 물을 청하자 자신이 사마리아 여자임을 들어 물을 떠주기를 사양한다. 예 자신은 사람을 차별을 하지 않으니 물을 달라고 말한다.

7 물을 술로 바꾸는 기적

[원본] 물을 술로 바꾸는 디오니소스
[사본] 물을 술로 바꾸는 예수

8 죽은자를 살려내는 기적

[원본] 죽은 자를 살려내는 병 치료사 아스클레피오스
[사본] 죽은 자를 살려내는 병 치료사 예수

3 그리고 예수께서 또 다시 그들에게 말씀하셨다. "당신은 내가 당신에게 당신이 몇 살인지를 안다고 말하였기 때문에 궁금할 것이다. 분명히 나는 세상이 언제 창조되었는지를 안다. 보라, 당신은 지금 나를 믿지 않는다. 당신이 나의 십자가를 보게 될 때, 그때는 내가 진리를 말하는 것이라고 믿을 것인가?"

그들은 이 모든 말을 들었을 때 놀라움을 금치 못하였다.

제 7 장

1 선생 삭개오_{Zacchæus}가 히브리어로 알파벳을 쓰고는 어린 예수님에게 말하였다. "알파." 그러자 예수님이 "알파"라고 말하였다. 그리고 선생이 다시 "알파"라고 말하자, 예수님도 마찬가지로 말하였다. 그리고 나서 선생이 세 번째로 "알파" 라고 말하였다.

그러자 예수께서는 선생의 얼굴을 보면서 말씀하셨다. "당신은 알파를 알지도 못하면서 어찌 베타를 가르칠 수 있는가?" 그리고 어린 예수님은 알파에서 시작하여, 스물두 글자를 스스로 말씀하셨다.

2 그리고 나서 예수께서 또 말씀하시기를, "오 선생이시여, 첫 글자의 순서를 듣고, 그 글자에 들어간 부분과 선이 몇 개나 있는지 알고, 그리고 공통되고, 교차하고 합쳐지는 획이 있는지를 아시오?"

그러나 삭개오는 그 한 글자에 대해 그토록 대단한 설명을 듣고는 너무나 놀라서 아무 대답도 할 수 없었다.

그리고 그는 돌아서서 요셉에게 말하였다. "형제여, 이 아이는 분명히 이 세상에 속한 사람이 아닙니다. 그러니 그를 데려가시오."

♣ 왼　쪽: 소년 예수 앞에 무릎을 꿇고 애원하고 있는 선생들
오른쪽: 선생이 요셉에게 예수를 데려가라고 간청하고 있다.
　　　　Bodleian Library, Oxford University, England 소장

제 8 장

1 이런 일이 있은 후 어느 날, 예수께서는 어떤 집 지붕에서 다른 아이들과 놀고 계셨다.

그런데 한 아이가 다른 아이에게 밀려 땅바닥으로 내동댕이 쳐져 죽었다.

이것을 보고, 그와 함께 놀고 있던 아이들은 도망치고, 예수 님만이 그 소년이 밀려 떨어진 지붕 위에 서 계셨다.

2 그리고 그 소식이 죽은 소년의 부모에게 전해지자, 그들은 울면서 달려왔다. 그들은 아이가 죽은 채 땅에 누워있는 것을 발견하였고, 예수님이 지붕 위에 서 있는 것을 보고, 예수께 서 자기들의 아이를 던졌다고 생각하였다. 그래서 그들은 눈 을 들어 예수님을 쳐다보고는 욕을 하였다.

♣ 옥상위에서 떨어지는 아이

3 예수께서는 이것을 보시고, 바로 옥상에서 내려오셔서 죽은 시체의 머리맡에 선 다음, 그에게 말씀하셨다. "제노야, 내가 너를 내던졌느냐? 일어서서 우리에게 말하여라." 제노가 그 아이의 이름이었기 때문이었다.

이 말씀에 그 소년이 일어나 예수님께 경배하면서 말하기를, "주여, 당신은 나를 던지지 않았으며, 내가 죽었을 때에, 당신은 나를 살려 주셨습니다." 하였다.

제 9 장

1 그리고 며칠 뒤에, 이웃 사람 하나가 나무를 쪼개다가 도끼로 발아래 부분을 쳤다. 그는 피를 많이 흘려 죽을 지경이었다.

2 많은 사람들이 달려 왔는데 예수께서도 그들과 함께 그 곳으로 오셨다.

3 예수께서 그 젊은 사람의 다친 발을 잡고[1] 즉시 고쳐 주시고, 그에게 말씀하셨다. "일어나라. 네 나무를 쪼개라."

그러자 그는 일어나 예수께 경배하고, 감사드리고, 나무를 쪼갰다.

마찬가지로 그곳에 있던 모든 사람들 역시 놀랐다. 그리고 예수께 감사를 드렸다.

---

1) 예수님이 병 치료하는 대목은 신약성서에도 여러 차례 나오는 것으로, 같은 패러다임이다.

† ...열병으로 누웠는지라 사람들이 곧 그의 일로 예수께 여짜온대 나아가사 그 손을 잡아 일으키시니 열병이 떠나고 ..   [마가복음 1:31]

제 10 장

　1 그리고 예수께서 여섯 살이 되셨을 때, 어머니 마리아가 예수님을 보내어 샘에서 물을 길어오도록 하셨다.

　그런데 그가 가는 도중에, 물동이가 깨지고 말았다. 예수께서는 샘으로 가셔서 그의 외투를 벗어 펼치고, 샘에서 물을 길어 거기에 가득 담아 그의 어머니에게 가져다 드렸다.[1)]

　이것을 보고서, 어머니는 깜짝 놀라셨으며, 예수님을 안아주고 입맞춤을 하셨다.

♣ 물을 길으러 물동이를 들고 우물에 온 소년 예수
Tring Tile, 1330, 162mm×324mm, British Museum

---

1) 예수가 행한 기적을 나타내고 있다.

제 11 장

1 예수께서 그의 나이 여덟 살이 되셨을 때였다. 요셉은 어떤 부자에게서 침상을 하나 만들어 달라는 주문을 받았다. 그는 목수였기 때문이다.

요셉은 나무를 얻기 위해 들판으로 나갔는데, 예수께서는 그와 함께 가셨다. 그리고 요셉은 나무 두 조각을 잘라서 도끼로 그것들을 평탄하게 다듬고, 그것들을 나란히 놓았다. 그런데 재어보니 하나가 너무 짧다는 것을 발견하였다. 그는 이것을 보고 아쉬워하며 또 다른 것을 찾으려 하였다.[1]

2 예수께서 이것을 보시고, 그에게, "이 두 판자를 합쳐서 양쪽 끝을 똑같이 맞추십시오."

요셉은 아이가 무엇을 의미하는지 의심하며 아이가 말하는 대로 하였다.

그리고 예수께서 요셉에게 말씀하셨다. "짧은 판자를 단단히 잡으십시오." 그리고 나서 예수님 또한 다른 끝을 잡고서, 그것을 자기 쪽으로 잡아당겨 늘여, 다른 나무 조각과 똑같게 만들었다. 그리고 요셉에게 말씀하셨다. "더 이상 고심하지 마시고, 방해받지 않고 당신의 일을 하시오."

요셉은 이것을 보고 크게 놀라서 중얼거렸다. "하나님이 나에게 이런 대단한 아이를 주시다니 나는 축복을 받았도다."

---

1) 침대를 만드는데 한쪽 판자가 짧자, 잡아 늘려 같은 길이로 만드는 기적 이야기의 변형도 있다. 즉 한 목수가 쟁기를 만드는데 한쪽 빔을 짧게 만들어 주인에게 야단을 맞자, 예수가 보고서 짧은 쪽의 빔을 잡아 늘려 같은 길이로 만들어주는 기적 이야기이다.

♣ 한 목수가 쟁기를 만드는데 한쪽 빔을 짧게 만들어 주인에게
  야단을 맞자, 예수가 짧은 빔을 잡아 늘려 같은 길이로 만드는
  기적 이야기.
  이것은 침대를 만드는데 한쪽 판자가 짧자, 잡아 늘려 같은
  길이로 만드는 기적 이야기의 변형으로 보인다.

3 그리고 그들이 성읍으로 돌아왔을 때, 요셉은 그 일에 대해 마리아에게 이야기하였다.

마리아는 자기 아들의 기이한 기적을 듣고 보았을 때, 그녀는 기뻐하며 아버지와 성령과 더불어 영원히 그를 찬미하였다. 아멘.

제 3 부

라틴어 원문번역
Latin Mss
: 1세에서 12세까지의 소년 예수의 이야기(15장)

제 1 장

예수 가족은 어떻게 이집트로 피신하였나?

헤롯이 우리 주 예수 그리스도를 죽이려고 수색을 하였기 때문에 소동이 일어났다. 이때 천사가 요셉에게 말하였다. "마리아와 그녀의 아이를 데리고 아이를 죽이려고 하는 사람들 앞에서 이집트로 도망하여라."

예수께서 이집트에 들어가셨을 때, 예수는 두 살이었다.

예수 가족이 씨 뿌려진 들판을 지나갈 때, 그들은 손을 내밀어 이삭을 가져다가 불 위에 얹어 구워 갈아서 먹었다.

　예수께서 그 밭에 축복을 내리사 해마다 그 밭은 씨를 뿌리기만 하면 추수할 때마다 그 밭주인에게 예수 가족이 가져다 먹은 낱알의 수와 같은 곱절만큼이나 많은 양의 곡물을 산출하여 주었다.

이집트에 들어갔을 때, 예수 가족은 어떤 과부의 집에서 묵으며 일 년 동안 머물렀다.

그리고 예수께서는 세살이 되셨다. 예수께서는 소년들이 노는 것을 보시고 그들과 함께 놀기 시작하였다.

그리고 그는 마른 물고기를 가져다가 그것을 대야에 넣고, 물고기에게 앞뒤로 움직이도록 명령하니 그것이 움직이기 시작하였다. 그리고 예수께서는 또 다시 물고기에게 말씀하셨다. "네 안에 있는 소금기를 모두 토해내고 물속으로 들어가라." 그러자 예수님의 말씀대로 이루어졌다.

그러나 이웃 사람들은 예수께서 행한 일을 보고서, 예수의 어머니 마리아가 머무는 집주인인 과부에게 그 사실을 알렸다.

그러자 그 과부는 그 이야기를 듣고서는 서둘러 그들을 자기 집에서 쫓아냈다.

제 2 장

선생은 왜 예수님을 도시에서 쫓아냈나?

1 예수께서 어머니 마리아와 함께 도시의 시장 한가운데를 지나 걸어가실 때였다. 예수께서 주위를 둘러보시다가 한 선생이 제자들을 가르치는 것을 보셨다.

그때 서로 싸우던 참새 열두 마리가 성벽에서 아이들을 가르치는 선생의 무릎으로 떨어지는 것을 보셨다. 예수께서 그것을 보시고 웃으시며 가만히 서 계셨다.

♣ 소년 예수 앞의 선생과 그의 제자들
Bodleian Library, Oxford University 소장

2 그 선생은 어린 예수께서 웃는 것을 보고 화가 나서 학동들에게, "가서 저 아이를 이리로 데려와라" 하고 말하였다.

학동들이 예수를 데려오자, 그 선생은 예수님의 귀를 붙잡고 말하였다. "너는 무엇을 보고 웃은 것이냐?"

예수께서 그에게 말씀하셨다. "선생, 보십시오, 내 손에 옥수수가 한 가득입니다. 내가 이것을 새들에게 보여주고 옥수수를 뿌리자, 그들은 위험한데도 채가고 있습니다. 이 때문에 옥수수를 나누어 먹으려고 서로 싸웠습니다."

3 그리고 예수님은 새들이 옥수수를 다 먹어치우고 나서야 그 곳을 떠났다. 그리고 이 이유 때문에, 선생은 예수님을 그의 어머니와 함께 성 밖으로 내쫓으려고 애를 썼다.

제 3 장

예수께서는 어떻게 이집트에서 나오셨나?

1 그리고 보라, 주의 천사가 마리아를 만나 그녀에게 말하였다. "그 아이를 데리고 유대인의 땅으로 돌아가라. 왜냐하면 그의 목숨을 노리던 사람들이 죽었기 때문이다.

그래서 마리아는 예수와 함께 일어나 나사렛 성읍으로 들어갔다. 그곳은 그의 아버지가 조상 대대로 살아오던 곳이었다.

2 그러나 헤롯이 죽은 후 이집트에서 떠났을 때, 요셉은 그 아이를 죽이려고 꾀하는 자들을 피해 예수를 광야로 데리고 가서 예루살렘이 잠잠해질 때까지 그곳에 있었다.

요셉은 하나님께서 심모원려를 주신데 대하여 그리고 주 하나님 앞에서 은총을 발견하고서 하나님께 감사드렸다. 아멘.

또는, 마리아가 예수와 함께 일어나 디베리아의 가버나움 성읍, 즉 자기 아버지가 조상 대대로 살아오던 곳으로 갔다.

3 그러나 요셉은 헤롯이 죽은 뒤에 예수께서 이집트에서 나왔다는 소식을 듣고, 그를 데려갔다.

또는, 이런 일이 있은 뒤에, 주의 천사가 요셉과 예수의 어머니 마리아에게 와서 말하였다. "그 아이를 데리고 이스라엘 땅으로 돌아가라. 그 아이를 죽이려고 노리는 자들이 죽었기 때문이다."

그래서 그들은 일어나서 요셉이 자기 아버지의 재산이 있는 나사렛으로 갔다.

4 예수께서 일곱 살이 되셨을 때, 헤롯 왕국에서 예수님의 목숨을 노리던 사람들이 모두 잠잠해졌다.

그래서 그들은 베들레헴으로 돌아와 거기에 머물렀다.

제 4 장

나사렛에서 예수님이 하신 일은?

주님의 사도인 나 이스라엘 사람 도마가 예수께서 나사렛으로 나온 후에 행하신 일에 대해 말하는 것은 영광스러운 일이다. 그러므로 너희 모든 사랑하는 동포들아, 주 예수께서 나사렛 성읍에 계실 때 하신 전조에 대하여 들으라. 그것은 첫 장에서 말한 대로이다.

1 예수께서 다섯 살이 되셨을 때, 땅에 큰 비가 내렸고, 어린 예수께서 그 곳을 걸어 다니셨다. 비가 너무 심하여, 그는 물을 한 웅덩이로 모으시고 물이 맑아지라고 명하셨다. 그러자 곧 예수님의 말씀대로 되었다.

2 또 예수께서는 그 웅덩이에서 나온 찰흙을 가져다가 그것으로 열두 마리의 참새를 만드셨다.

그런데 예수께서 히브리 사람들의 자녀들 가운데서 이 일을 행하신 날은 안식일이었다. 히브리 사람들의 자녀들이 요셉에게 가서 말하였다. "보십시오, 당신의 아들이 우리와 함께 놀고 있었는데, 그가 진흙을 가져다가 참새를 만들었습니다. 그것은 안식일에 해서는 안 되는 일입니다. 그는 안식일의 율법을 깨뜨렸습니다."

요셉이 어린 예수께로 가서 말하였다. "너는 어찌하여 안식일에 해서는 안 되는 일을 하였느냐?"

그러자 예수께서는 손을 내밀어 펴시고 참새들에게 이렇게 명하셨다. "높이 날아가거라. 너희는 어떤 사람의 손에도 죽지 않을 것이다."

그러자 참새들은 날아서 짹짹 울며 전능하신 하나님을 찬양하기 시작하였다.

유대인들은 예수께서 행하신 기적을 보고 놀랐으며, 가서 예수께서 행하신 징조를 널리 알렸다.

3 그러나 예수님과 함께 있던 한 바리새파 사람의 아이가 올리브 나무의 가지를 가져다가 예수께서 만든 웅덩이를 비우기 시작하였다.

예수께서 그것을 보시고, 화가 나서 그에게 말씀하셨다. "경건하지 않고 무식한 자야, 내가 만든 물웅덩이가 네게 무슨 해를 입혔느냐? 보라, 너는 뿌리도 잎도 열매도 없는 마른 나무처럼 되리라."

그러자 그 아이는 즉시 말라서 땅바닥으로 쓰러져 죽었다. 그러나 그의 부모는 그를 죽은 채로 데리고 가서, 요셉에게 욕하면서 말하였다. "당신의 아들이 한 짓을 보라. 그에게 기도하라고 가르치되, 저주하지 말도록 가르치라."

♣ 소년 예수가 진흙으로 참새를 날려 보내는 기적

제 5 장

사람들은 왜 예수님에게 화를 냈나?

1 며칠 뒤, 예수께서 요셉과 함께 성 안을 걷고 있을 때, 아이들 중 하나가 달려가다 예수님의 팔에 세게 부딪혔다.

그러자 예수께서는 그 아이에게 말씀하셨다. "네 길 가는 일이 끝날지어다." 그러자 즉시 그 아이는 땅바닥으로 쓰러져 죽었다.

사람들은 이 놀라운 사건을 보고, "이 아이는 어디서 온 아이냐?" 하고 소리쳤다.

그리고 그들은 요셉에게 말하였다. "이런 아이가 우리 사이에 있다는 것은 옳지 않다. 여기서 떠나라. 그리고 우리와 함께 있어야 한다면, 그에게 기도하고, 모독하지 않도록 가르쳐라. 우리 아들들이 그에게 죽음을 당하기 때문이다."

그래서 요셉은 예수를 데리고 떠났다.

2 그래서 요셉이 예수를 불러 훈계하기 시작하였다. "너는 도대체 무슨 이유로 불경스러운 언동을 하는 것이냐? 이곳에 사는 사람들이 모두 우리에게 증오심을 품고 있으니 말이다."

그러나 예수께서 말씀하셨다. "나는 이 말이 내 말이 아니라 당신의 말이라는 것을 압니다. 그러나 나는 당신을 위하여 조용히 입 다물고 있을 것입니다. 그러나 그들은 자신들의 어리석음을 보게 될 것입니다."

그리고 즉시 예수를 욕한 사람들은 눈이 멀게 되었다. 그리하여 그들은 왔다갔다 걸어 다니며 이렇게 말하였다. "그 분의 입에서 나오는 모든 말씀은 그대로 이루어진다.

♣ 왼 쪽: 예수에게 부딪힌 아이가 예수의 저주로 고꾸라져 죽는다
오른쪽: 부모의 항의로, 되살아난 아이가 부모와 함께 가고 있다.
Tring Tile, 1330, 162mmx324mm, British Museum

3 요셉은 예수님이 한 일을 보고서, 몹시 화가 나서 예수의 귀를 잡아 당겨 아프게 하였다.

그러자 예수께서는 화가 나서 요셉에게 말씀하셨다. "나에게 손대지 마시오. 보는 것으로 충분합니다. 당신은 내가 누구인지 모르십니까? 내가 누구인지 안다면 당신은 나를 화나게 하지 못할 것입니다. 그리고 비록 지금은 내가 당신과 함께 있지만, 나는 당신보다 먼저 만들어진 존재입니다."

♣ 새끼 사자와 예수, 그의 뒤에는 마리아와 요셉이 서 있다.
"당신은 나에게 손대지 않는 것이 좋습니다.
당신은 내가 누구인지 모르기 때문입니다.
만일 안다면 나를 괴롭게 하지 않을 것입니다.
설사 당신과 같이 있다 하더라도 나는 당신보다 먼저
만들어진 존재입니다.
이 야수들도 나를 압니다. 사람들만 나를 알지 못합니다."

제 6 장

예수님은 선생에게서 어떤 대우를 받았나?

1 그때 삭개오^{Zacchæus}라는 선생이 있었는데, 그는 예수가 요셉에게 한 말을 모두 듣고서, 스스로 우쭐하며 말하였다. "나는 그렇게 말하는 아이는 결코 본 적이 없다."

그는 요셉에게 다가와 이렇게 말하였다. "당신은 똑똑한 자식을 두었습니다. 그 아이를 나에게 넘겨 글자를 배우게 하시오. 그러면 그가 글자를 학습하며 지식이 생기게 되면, 나는 그에게 어리석게 굴지 않도록 잘 가르치겠습니다."

요셉이 그에게 대답하여 말하였다. "아무도 그를 가르치지 못하고 오직 하나님만이 가르칠 수 있습니다. 형제여, 이 어린 아이가 우리에게 작은 고통의 근원이 되리라 생각하십니까?" [이 문장이 시리아어 판에서는 '그가 작은 십자가[수난]을 받아야 한다고 생각하십니까?'로 나와 있다.]

2 그러나 예수께서 요셉이 이런 말을 하는 것을 들으시고, 삭개오에게 말씀하셨다. "오, 선생이여, 진실로 내 입에서 나오는 모든 것은 진실이니라. 나는 모든 사람보다 앞에 있고, 나는 주 하나님이니라. 그러나 너희는 이방인의 자녀이니라. 왜냐하면 나에게는 이방인들 (또는 세상)의 영광이 주어졌으나, 너희에게는 아무 것도 주어지지 않았기 때문이니라. 나는 모든 세상사람 앞에 있기 때문이니라.

그리고 나는 그대가 몇 살인지를 알고 있으며, 요셉이 말한 그 기준(즉, 십자가)을 올릴 때, 그대는 내 입에서 나오는 모든 것들이 사실이라는 것을 알게 될 것이다."

3 그러나 곁에 서있던 유대사람들은 예수님이 하시는 말씀을 듣고, 놀라서 이렇게 말하였다. "지금 우리가 이토록 놀라운 일들을 보았으며 이 아이에게서 이와 같은 말을 들었는데, 이는 우리가 결코 다른 어떤 사람에게서도 듣지 못했고, 대제사장이나 율법학자들이나 바리새파 사람들로부터도 들어 본적이 없는 말들이다."

4 예수께서 대답하시며 그들에게 말씀하셨다. "어찌하여 너희가 놀라느냐? 내가 너희에게 진리를 말한 것이 믿기 힘든 것이라고 생각하느냐? 나는 너희가 언제 태어났는지를 알고, 네 조상들도 안다. 그리고 내가 너희에게 더 말한다면, 나는 세상이 언제 창조되었으며, 누가 나를 너희에게로 보냈는지를 안다."

유다 사람들은 어린아이 예수가 하는 말을 듣고서, 그에게 대답할 수 없어서 화가 났다. 어린 예수께서는 돌아서서 기뻐하며 이렇게 말씀하셨다. "내가 너희에게 교훈 하나를 말하였다. 그러나 너희가 미약하며 아무 것도 알지 못함을 알고 있다."

5 그때 그 선생이 요셉에게 말하였다. "그 아이를 내게로 데려 오면 내가 그에게 읽기와 쓰기를 가르쳐 주겠소."

그래서 요셉은 어린 예수를 다른 아이들도 가르치는 어떤 선생의 집으로 데리고 갔다. 그러자 그 선생은 예수를 달콤한 말로 구슬리며 글자를 가르치기 시작하였고, 그에게 A에서 T로 넘어가는 첫 번째 줄을 써 주었고, 그를 추켜 주며 가르치기 시작하였다. 그리고 그에게 글자를 말해보라고 시켰다.

그러나 어린 예수는 침묵만을 지키고 있었다.

6 그러자 선생이 어린 예수님의 머리를 때렸다. 예수님이 한 대 맞고 나서 선생에게 말씀하셨다. "내가 당신을 가르쳐야 하는 것이지 당신이 나를 가르쳐서는 안 됩니다. 나는 당신이 내게 가르치려는 글자들을 알고 있습니다.

그리고 나는 당신이 지혜도 영혼의 구원도 아닌, 소리 외에는 아무 것도 나오지 않는 그릇과 같다는 것을 알고 있습니다."

그리고 예수님은 그 행을 읽기 시작하였는데, A에서 T까지 모든 글자들을 아주 **빠르게** 말하였다.

그리고 어린 예수님은 선생을 쳐다보며 이렇게 말하였다. "그러나 당신은 A와 B를 해석하는 방법도 알지 못하면서, 어떻게 다른 사람을 가르치려 합니까? 위선자여, 당신이 A에 관하여 알고 있으며 나에게 말해 줄 수 있다면, 그렇다면 나는 당신에게 B에 관하여 말해줄 것입니다."

그래서 선생이 첫 번째 글자에 대해 설명하기 시작하였으나, 그는 어떤 대답도 할 수 없었다.

♣ 소년 예수가 랍비에게 무례하게 굴어 뺨을 맞고 있다.
Tring Tile, 1330, 162mmx324mm, British Museum

7 그 때 예수께서 선생 삭개오에게 말씀하셨다. "오, 선생이 시여, 내 말을 귀 기울여 듣고, 첫 번째 글자를 이해하시오. 그 글자에 두 선이 어떻게 되어 있는지 내 말에 귀 기울여 들으시오."

(뒤이어 8개의 이해하기 어려운 설명 문구가 나옴)

8 선생 삭개오는 어린 예수님이 첫 번째 문자를 이렇게 나누어 설명하는 것을 보고, 여러 명칭들을 들어가며 설명하는 어린 예수님의 가르침에 당황하여 외쳤다. "오, 슬프도다. 내가 혼란에 빠졌기 때문이다. 나는 이 아이로 말미암아 스스로 수치심을 불러왔구나."

9 그리고 선생이 요셉에게 말하였다. "형제여, 나는 진심으로 그대에게 간청하노니, 이 아이를 내게서 데려가시오. 나는 그의 얼굴을 볼 수도, 그의 강력한 말을 들을 수도 없소. 이 아이는 불을 가라앉히고 바다를 억제 할 수 있소. 그는 세상에 앞서 태어났기 때문이오. 어떤 자궁이 그를 낳았는지, 또는 어떤 태도의 어머니가 그를 키웠는지 나는 알지 못하오."

♣ 선생과 소년 예수님과 어머니 마리아
맨 오른 쪽에는 배우러 온 학생들이 모여 있다.

10 "오, 나의 친구들이여, 나는 나의 지혜를 잃었고, 조롱을 당하였으며, 비참하게 되었소. 나는 제자를 얻었다고 말하였지만, 오히려 그가 내 선생이 된 셈이오. 나는 늙었기 때문에, 나의 부끄러움을 이겨낼 수 없소. 그리고 그에게 대답해야 할 수단이 없소. 그래서 나는 큰 병에 걸려 세상을 떠나거나, 이 도시에서 떠나가는 것과 같소. 모든 사람이 내 수치, 즉 이 아이가 나를 덫에 걸리게 하였음을 보았기 때문이오.

저 아이가 첫 글자부터 나를 압도하는데 내가 어떤 사람에게 무엇을 대답 할 수 있겠소, 아니면 어떤 말을 할 수 있겠소? 아, 내 친구들과 지인들이여, 나는 당황하여 그에게 대답할 첫마디 말도 마지막 말도 찾을 수가 없소."

11 "이제 나는 그대 요셉 형제에게 간청하노니, 이 아이를 내게서 떨어지게 해주시오. 그를 그대의 집으로 데려가시오. 이 아이는 주술사이거나, 신이거나, 천사이거나, 내가 무어라 해야 할지 알지 못하는 존재이기 때문이오."

12 예수께서 선생 삭개오와 함께 있는 유대 사람에게 몸을 돌려 말씀하셨다. "나를 너희에게 보내신 분께서 나에게 명하신대로, 이제 보지 못하는 사람들은 모두 보게 하고, 이해하지 못하는 사람들은 이해하게 하고, 귀머거리들은 듣게 하고, 내 수단에 의해 죽은 사람들이 되살아나게 하고, 고상한 사람들은 더 고상한 곳으로 부르겠노라."

그리고 어린 예수께서 말씀을 그치셨을 때, 고통 받는 사람들과 예수님의 저주의 말씀으로 고통을 당하였던 사람들이 모두 온전해졌다.

그리하여 이후로 사람들은 감히 어린 예수님에게 맞서 말하지 못하였다.

제 7 장

예수님은 어떻게 죽은 소년을 살려내셨나?

1 어느 날 예수께서 아이들과 함께 집 위에 올라가서, 그들과 함께 놀기 시작하셨다. 그런데 그 아이들 중 한 명이 2층 방문을 통해 떨어져 곧바로 죽었다. 아이들이 그것을 보고 모두 도망하였으나 예수께서만 그 집에 혼자 남아 계셨다.

2 그리고 죽은 아이의 부모가 와서 예수께, "진실로 네가 우리 아이를 떨어지게 하였다."고 말하였다.

그러나 예수께서 말씀하셨다. "나는 결코 그를 떨어지게 하지 않았다." 그럼에도 불구하고 그들은 여전히 그를 비난하였다. 그래서 예수께서 집 위에서 내려오셔서, 죽은 아이를 굽어보고 서서, 큰소리로 부르짖어 그의 이름으로 부르셨다. "제노, 제노야, 일어나서 내가 너를 떨어지게 하였는가를 말하여라."

그러자 갑자기 그가 일어나서 "아닙니다, 주님."하고 말하였다.

그래서 그 아이의 부모는 예수님이 행하신 이 위대한 기적을 보고 하나님을 찬양하고 예수님을 경배하였다.

제 8 장

예수께서는 어떻게 소년의 발을 치료하셨나?

1 그리고 며칠 후 그 마을의 어떤 소년이 도끼로 나무를 쪼개다가 그의 발을 쳤다.

2 많은 사람들이 그에게 몰려왔고, 어린 예수님도 그들과 함께 왔다. 그리고 예수께서 그 소년의 다친 발을 만지자, 곧 그것은 온전하게 되었다. 예수께서 그에게 말씀하셨다. "일어나서 나무를 쪼개라. 그리고 나를 기억하라."

예수님과 함께 있던 군중은 이 행하여진 표적을 보고서, 예수님을 경배하고 말하였다. "진실로 우리는 분명히 당신이 하나님임을 믿습니다."

제 9 장

예수께서는 어떻게 외투에 물을 담아 날랐나?

1 예수께서 여섯 살 되셨을 때, 어머니께서 그에게 물을 길어오라고 보내셨다. 예수께서 우물에 이르렀을 때, 거기에는 많은 사람들이 몰려있었다. 어린 예수님은 사람들의 혼잡한 틈에서 그의 물동이를 깨뜨리고 말았다.

2 그러나 예수께서는 자신이 입고 있던 외투를 벗어 거기에 물을 가득 담아 어머니 마리아에게 가져다 드렸다.

그러자 어머니께서는 예수께서 행하신 기적을 보고 예수님께 입 맞추며 말씀하셨다. "주님, 제게 귀 기울여 주시고, 제 아들을 구원하소서."

♣ 물동이가 깨지자 외투에 물을 길어오는 기적을 행하는 소년 예수

제 10 장

예수께서 밀을 씨 뿌려 일으키신 기적은?

1 이제 파종시기가 되어서 요셉은 옥수수 씨를 뿌리러 밭에 나갔고, 예수께서도 그를 따라갔다. 요셉이 씨를 뿌리기 시작했을 때, 예수께서도 손을 뻗어, 옥수수를 손에 쥐실 수 있을 만큼 가져다가 뿌렸다.

2 요셉이 수확할 때 와서, 그의 수확물을 거두었다. 예수께서도 와서 자기가 뿌린 이삭을 거두었는데, 그 수확량이 좋은 옥수수가 백 석이나 되었다.

어린 예수께서는 가난한 사람들과 과부들과 아버지 없는 사람들을 불러다가, 자기가 수확한 옥수수를 모두 그들에게 주셨다.

그리고 요셉은 그 수확물의 일부만 일용할 양식으로 쓰기 위해 집으로 가져갔다.

♣ 밀을 파종하는 요셉과 소년 예수

제 11 장

예수께서 짧은 판자를 길게 잡아 늘인 기적은?

1 예수님은 여덟 살이 되셨을 때였다. 요셉은 목수였고, 황소가 끄는 쟁기와 멍에를 만들었다.

어느 날 어떤 부자가 요셉에게 말하였다. "목수 양반, 나에게 쓸모 있고 보기에도 좋은 침대를 하나 만들어 주시오."

그러나 요셉은 그 작업을 위해 준비해 놓은 판자 한 쪽이 길이가 짧아서 애먹고 있었다.

2 예수께서 그에게 말씀하셨다. "걱정하지 말고, 이 판자의 이쪽 끝을 잡으십시오. 그러면 나는 저쪽 끝을 잡고 잡아 늘리겠습니다."

그래서 예수께서 판자를 잡아 늘리셨는데, 요셉은 곧 그것이 자기가 원하는 길이로 늘려진 것을 알았다. 예수께서 요셉에게 말씀하셨다. "보십시오, 당신이 원하는 모양입니다."

요셉은 이루어진 것을 보고, 어린 예수님을 끌어안고 말하였다. "하나님께서 나에게 이런 아들을 주셨으니, 나는 복이 있도다."

제 12 장

예수께서는 선생에게 어떤 기적을 보이셨나?

1 요셉은 예수님이 크나큰 은총을 입고 키가 자라나는 것을 보고, 읽고 쓰기를 배우도록 보낼 생각을 하였다. 그래서 그는 예수님을 가르칠 다른 학자에게 보냈다.

그러자 그 학자가 요셉에게 말하였다. "어떤 종류의 글자를 이 아이에게 가르치려 하시오?"

요셉이 대답하여 가로되, "먼저 그에게 이방인들의 글자를 가르치고, 그 후에 히브리 글자를 가르쳐 주시오."

그러자 학자는 어린 예수님이 훌륭한 이해력이 있다는 것을 알고 기꺼이 그를 받아들였다. 그리고 예수님을 위해 첫 번째 행, 곧 A와 B를 써 놓고서, 몇 시간 동안 그를 가르쳤다.

그러나 어린 예수께서는 침묵을 지키시고 아무 대답도 하지 않으셨다.

2 마지막에 예수께서 선생에게 말씀하셨다. "당신이 진실로 선생이라면, 정말로 그 문자를 안다면, 나에게 A의 힘에 대해 말하여 주시오. 그러면 나는 당신에게 B의 힘에 대해 말해줄 것이오."

그러자 선생은 크게 분개하여 어린 예수의 머리를 세게 때렸다. 그러자 예수께서 화가 나서 저주하시니, 선생이 갑자기 쓰러져 죽었다.

3 그러자 예수께서는 자기 집으로 돌아오셨다. 그리고 요셉은 어머니 마리아에게 예수님을 집 밖으로 내보내서는 안 된다고 명하였다.

♣ 소년 예수가 랍비에게 무례하게 굴어 뺨을 맞고 있다.
Tring Tile, 1330, 162mmx324mm, British Museum

제 13 장

예수님은 왜 또 다른 선생에게 보내어졌나?

1 여러 날 후에 요셉의 친구인 또 다른 율법학자가 와서 말하였다. "예수를 나에게 보내 주시오. 그러면 내가 그에게 아주 친절하게 읽기와 쓰기를 가르쳐 주겠소."

요셉이 그에게 이르되, "당신이 할 수 있다면 예수를 데려다 가르치시오. 그러면 기쁜 마음으로 그렇게 하겠소."

그 율법학자가 예수를 맞아들였을 때, 두려우면서도 크게 용기를 내어 어린 예수를 기쁜 마음으로 데리고 갔다.

2 예수께서 율법학자의 교실에 왔을 때, 거기에 놓여있는 책 한 권을 발견하셨다. 어린 예수께서는 그것을 가져다 펴고, 그 안에 기록된 것을 읽지도 않은 채, 입을 열고 성령에 의해 말하며 율법을 가르쳤다.

　그러자 주위에 서 있던 모든 사람들이 주의 깊게 귀 기울여 들었으며, 선생은 예수님의 옆에 앉아서 그가 하는 말씀을 기쁘게 들었으며 가르침을 계속하도록 간청하였다.

　그리고 많은 사람들이 모여서 어린 예수께서 가르치시는 모든 거룩한 교리와 예수님의 입에서 나오는 훌륭한 말씀을 듣고, 어린 아이가 그런 것들을 말하는 것에 경탄하였다.

3 그러나 요셉은 그 말을 들었을 때 두려워서, 어린 예수님이 계신 곳으로 달려갔다.

선생이 요셉에게 말하였다. "형제여, 내가 당신의 아이를 가르치려고 데려왔음을 아시오. 그러나 이 아이는 큰 은총과 지혜로 가득 차 있소. 그러므로 이제 보시오, 그를 기쁜 마음으로 당신 집으로 데려가시오. 그가 가진 은총은 주께서 내려주신 것이기 때문이오."

4 선생이 이렇게 말하는 것을 듣고서, 어린 예수께서 기뻐하시며 말씀하셨다. "보라, 이제 당신은 잘 말하였다. 오, 선생이여, 내 이제 당신을 위하여 전에 내가 죽게 한 자를 되살아나게 하리라."

그리고 요셉은 예수를 집으로 데려갔다.

제 14 장

예수께서 뱀에 물린 야고보를 치료하신 기적은?

요셉이 자기 친아들 야고보를 보내 짚을 모으게 하니, 예수님도 그를 따라갔다.

야고보가 짚을 모으는 도중, 독사가 그를 물자, 그는 독에 의해 죽은 것처럼 땅바닥으로 쓰러졌다.

그러나 예수께서 그 광경을 보시고, 그 상처를 입으로 불자, 야고보는 즉시 온전한 몸이 되고, 독사는 죽었다.

제 15 장

예수께서는 어떻게 죽은 아이를 살려내셨나?

1 며칠 후 예수님의 이웃이었던 한 아이가 죽으니, 그의 어머니가 그를 애도하며 비통해하였다.

소년 예수께서 들으시고 가셔서 그 아이를 굽어보고 서서, 그의 가슴을 치며 말씀하셨다. "아이야, 내가 너에게 말한다. 죽지 말고 살아라." 그러자 곧 그 아이가 일어났다.

예수께서 아이의 어머니에게 말씀하셨다. "당신의 아들을 안아 올리고 그에게 젖을 먹이시오. 그리고 나를 기억하시오."

2 많은 사람들이 그 기적을 보고 말하기를, "진실로 이 아이는 하늘에서 왔다. 왜냐하면 지금 그는 많은 영혼들을 죽음에서 해방시키고, 그에게 기대하는 모든 이들을 구하였기 때문이다."

[라틴어 원고 사본은 여기까지로, 이 후의 공백은 그리스어 사본A 19장 1-3절의 유대교 성전에서의 예수와 율법학자들의 일화로 채워져 있다.]

3 율법학자들과 바리새파 사람들이 마리아에게 이르되, "당신이 이 아이의 어머니요?" 마리아가 말하였다. "진실로 나는 이 아이의 어머니입니다."

그들이 마리아께 말하였다. "당신은 여자 중에 복이 있습니다. 하나님께서 당신에게 그토록 영광스러운 아이를 주시다니, 하나님께서 당신의 자손을 축복하셨기 때문입니다."

4 그리고 예수께서 일어나 어머니를 따라 가셨다. 마리아는 예수께서 사람들 가운데서 많은 병든 사람들을 고쳐주면서 행하신 모든 위대한 징조들을 마음속에 간직하였다.

그리고 예수께서는 키와 지혜가 자라났으며, 그를 본 모든 사람들은 전능하신 아버지 하나님을 찬양하였다. 하나님의 축복이 예수님께 영원무궁토록 있나이다. 아멘.

이 모든 일들은 나, 이스라엘 사람 도마가 이방 사람들과 우리 형제들을 위하여 쓰고 기록한 것이다. 또한 유다 땅에서 태어난 예수께서 행하신 그 밖의 많은 일들을 기록하였다.

보라, 온 이스라엘 사람들이 이 모든 것을 처음부터 끝까지 보았고, 예수께서 그들 가운데서 얼마나 큰 징조와 놀라운 일을 행하셨는지를 보았는데, 그것은 대단히 훌륭하였다.

예수께서는 성서가 선포한 대로, 그리고 예언자들이 이스라엘의 모든 백성 가운데서 예수께서 행하신 일들을 증언한 대로, 영원무궁하고 보이지 않는 그의 아버지의 뜻에 따라 세상을 심판하실 것이다. 예수께서는 온 세상 모두의 하나님의 아들이기 때문이다.

그리고 예수님께 모든 영광이 영원토록 있으며, 하나님의 나라가 영원하나이다. 아멘.

| 예수 어린 시절의 숨겨진 이야기